TENTE ENTENDER O QUE TENTO DIZER

poesia + hiv / aids

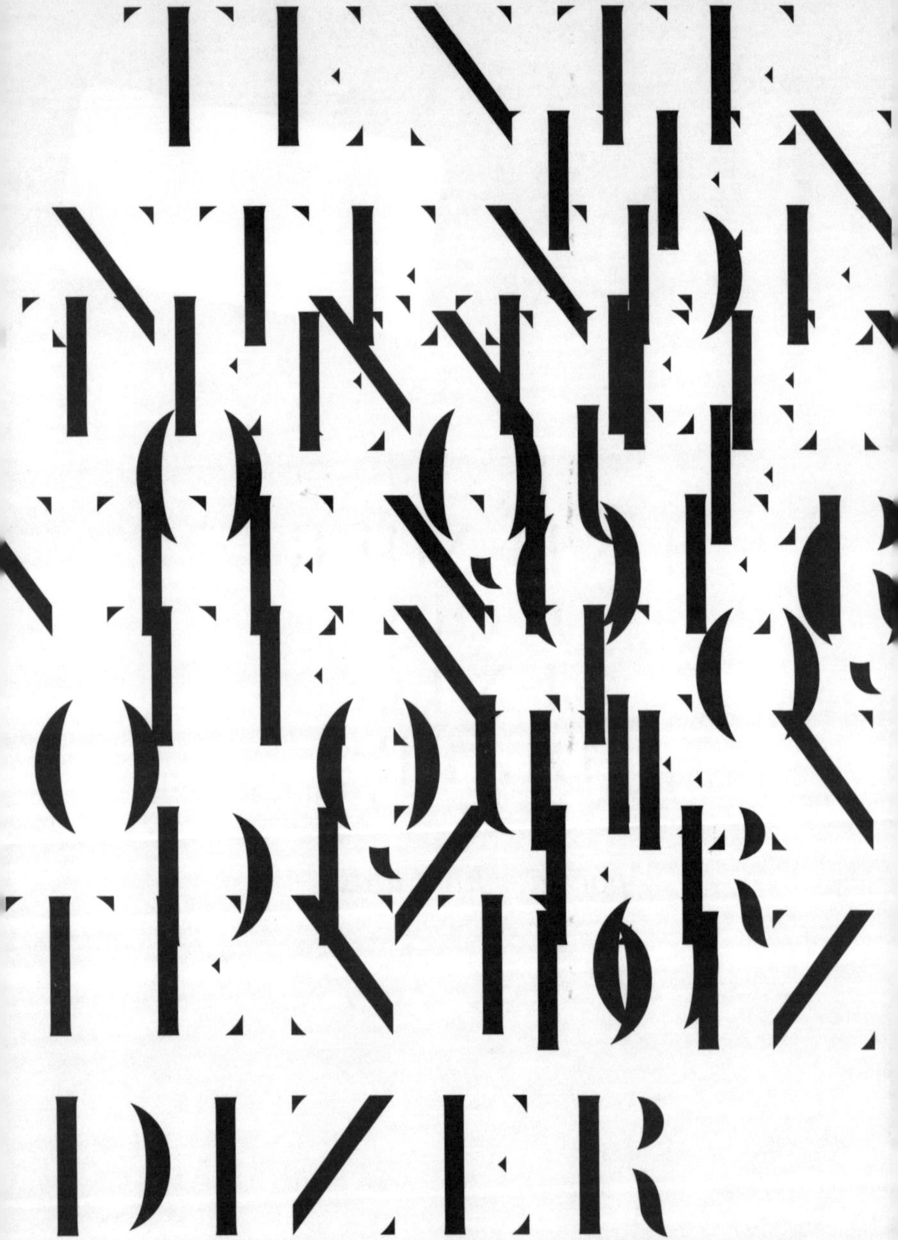
DIZER

Ramon Nunes Mello
organização

Bazar do Tempo

Este livro foi revisado segundo o Acordo Ortográfico da Língua Portuguesa de 1990, em vigor no Brasil desde 2009.

DIREÇÃO EDITORAL Ana Cecilia Impellizieri Martins

EDIÇÃO Maria de Andrade

ORGANIZAÇÃO Ramon Nunes Mello

CAPA E PROJETO GRÁFICO Omar Salomão

COPIDESQUE Leandro Salgueirinho

REVISÃO Vanessa Gouveia e Luiz Coelho

IMPRESSÃO Stamppa

IMAGEM DA CAPA *34 com scars*, de José Leonilson, 1991. Projeto Leonilson.

T313

Tente entender o que tento dizer: poesia + HIV/AIDS / Organização Ramon Nunes Mello; ilustrações Felipe Stefani. – Rio de Janeiro (RJ): Bazar do Tempo, 2018.
256 p. : il. ; 13 x 18 cm

ISBN 978-85-69924-35-7

1. AIDS (Doença). 2. Literatura brasileira – Poesia. I. Mello, Ramon Nunes. II. Título.

CDD B869.1

Elaborado por Maurício Amormino Júnior – CRB6/2422

BAZAR DO TEMPO
PRODUÇÕES E EMPREENDIMENTOS CULTURAIS LTDA.

Rua José Roberto Macedo Soares, 12/ sl. 301, Gávea
22470-100 – Rio de Janeiro – RJ
contato@bazardotempo.com.br
www.bazardotempo.com.br

Para Wagner Alonge, com amor.

Em memória de
Al Berto, Betinho, Bruno Cattoni, Caio F., Cazuza, Copi, Freddie Mercury, Felix Gonzalez-Torres, Michel Foucault, Henfil, Herbert Daniel, Hervé Guibert, Keith Haring, Lauro Corona, Leigh Bowery, José Leonilson, Markito, Néstor Perlongher, Reinaldo Arenas, Renato Russo e Rodolfo Bottino.

À vida de Victor Heringer.

Alguma coisa aconteceu comigo. Alguma coisa tão estranha que ainda não aprendi o jeito de falar claramente sobre ela. Quando souber finalmente o que foi, essa coisa estranha, saberei também esse jeito. Então serei claro, prometo. Para você, para mim mesmo. Como sempre tentei ser. Mas por enquanto, e por favor, tente entender o que tento dizer.

CAIO FERNANDO ABREU
Primeira carta para além dos muros,
Estado de S. Paulo, 21 de agosto de 1994

olho muito tempo o corpo de um poema
até perder de vista o que não seja corpo
e sentir separado dentre os dentes
um filete de sangue

ANA CRISTINA CESAR
A teus pés, 1978

SUMÁRIO

Apresentação

I

II

III

APRESENTAÇÃO

A linguagem é o verdadeiro vírus: corpo é texto

Ramon Nunes Mello

A linguagem é um vírus do espaço sideral[1]
WILLIAM S. BURROUGHS
The ticket that exploded, 1965

Tenho uma doença: vejo a linguagem
ROLAND BARTHES
Leçon, 1978

A linguagem é o verdadeiro vírus. Só pude compreender essa sentença quando, em 2012, peguei um diagnóstico em que constava reagente: hiv positivo.[2] Ao reelaborar minha visão de vida, tive a compreensão de que eu não deveria silenciar sobre minha sorologia, tendo liberdade para escrever, de forma subjetiva ou não, sobre o assunto quando tivesse vontade e desejo, sem medo do julgamento alheio.

Em 2015, quando resolvi escrever o texto "O sentido da urgência: a necessidade de se conversar sobre o hiv",[3] em que me abri

1 No original: "*Language is a virus from outer space*". Tradução minha.

2 Tanto no subtítulo quanto neste texto e no poema de minha autoria neste livro, optei por grafar as siglas hiv e aids em minúsculas. Acompanho a posição adotada pelo escritor e ativista Herbert Daniel em seus ensaios e manifestos, referindo-me assim ao fenômeno ideológico e político do hiv/aids, na intenção de diminuir o protagonismo da doença em si frente à vida do indivíduo (Cf. H. Daniel; R. Parker, *Aids: dois olhares se cruzam numa noite suja – a terceira epidemia. Ensaios e tentativas*. São Paulo: Iglu, 1991, p. 47-52). Reforço o argumento com o próprio Herbert Daniel, em *O primeiro AZT a gente nunca esquece*: "uso a palavra em minúsculas para chamar a atenção para este significante que quer dizer muito mais do que a doença indicada com a sigla AIDS." (H. Daniel, "O primeiro AZT a gente nunca esquece", *Jornal do Brasil*, Rio de Janeiro, 30 set 1990b.). Nos demais poemas aqui publicados, optou-se por não padronizar a grafia destas siglas para respeitar o entendimento e a escolha de cada poeta sobre a questão.

3 "O sentido da urgência: a necessidade de se conversar sobre o hiv" foi publicado no blog de Jean Wyllys, no site da revista *Carta Capital*, 1º dez 2015.

publicamente sobre a vivência com o vírus, passei a mergulhar em livros que abordavam o tema como uma busca de diálogo, fortalecimento emocional, aceitação de uma nova condição e entendimento da linguagem literária como busca e forma de vida. Conforme comecei a escrever os poemas do meu último livro, *Há um mar no fundo de cada sonho*,[4] aceitei a convivência com o vírus que está hospedado no meu sangue.

Foi durante a leitura dos livros dos escritores e ativistas Herbert de Souza (o Betinho) e Herbert Daniel, e do pesquisador e escritor Marcelo Secron Bessa, autor de obras referenciais sobre a questão do hiv na literatura brasileira – *Histórias positivas: a literatura (des)construindo a Aids*[5] e *Os perigosos, autobiografias e Aids*[6] –, que pude, de fato, perceber o tabu sobre uma questão que há mais de três décadas se espalhou pelo planeta, infectou 60 milhões de pessoas e causou mais de 30 milhões de mortes, inclusive de ativistas, artistas e escritores que admiro, os quais homenageio nesta publicação.

Após 36 anos do surgimento do hiv/aids – desde a sua descoberta, em 1981 –, é relevante lembrar da afirmação de Susan Sontag, no livro *Doença como metáfora*[7], obra que continua atual: "Pronunciar o nome é sinal de saúde, sinal de que a gente aceitou ser do jeito que é, mortal, vulnerável." hiv/aids: palavras que impõem limites e mudanças profundas. Entretanto, penso que para romper com o tabu e o preconceito do hiv/aids, tanto na vida como na literatura,

4 R.N. Mello, *Há um mar no fundo de cada sonho*, Rio de Janeiro: Verso Brasil, 2016.

5 M. S. Bessa, *Histórias positivas: a literatura (des)construindo a AIDS*, Rio de Janeiro: Record, 1997.

6 M. S. Bessa, *Os perigosos, autobiografias e Aids*, Rio de Janeiro: Aeroplano, 2002.

7 S. Sontag, *Doença como metáfora: Aids e suas metáforas*, São Paulo: Cia das Letras, 2007.

é necessário encarar essas siglas. hiv/aids: pronunciá-las e escrevê-las, só assim podemos criar um novo imaginário, diferente do estigma associado ao início da epidemia. É possível ressignificar a ideia em torno do vírus, que não mais significa uma sentença de morte, e, além disso, tratar do tema de forma estética, através do trabalho com a linguagem.

Nesta "era pós-coquetel", em que a resposta brasileira à epidemia de hiv/aids, antes exemplo mundial, se enfraquece ante o retrocesso conservador e a persistência do preconceito, do estigma e do moralismo, como a literatura, sobretudo poética, tem registrado as formas de apreensão da infecção? É possível compreender tais transformações no "enquadramento" sócio-histórico do hiv/aids a partir da poesia? Como o próprio corpo do soropositivo, marcado pela terapia de antirretrovirais e seus efeitos, é assimilado pela linguagem poética, e como essa contribui para narrar a própria história na perspectiva, não da pesquisa biomédica e da saúde pública, mas dos "pacientes"? Como essa doença é percebida pelos indivíduos que são diretamente afetados por ela, e que podem colaborar para a (re)construção da história da epidemia de hiv/aids no Brasil? As notícias de imprensa, as experimentações poéticas, as narrativas ficcionais e os relatos biográficos podem ser considerados corpos textuais da história do hiv/aids? De que maneira a literatura ajuda a compreender o impacto do diagnóstico de soropositivo nas trajetórias de vida, bem como os significados de se relacionar afetivamente com as pessoas que vivem com o vírus? A temática do hiv/aids no campo das artes pode ser considerada como estratégia política de atuação e visibilidade? A poesia pode ser vista como forma de reação ao diagnóstico? Nesse sentido, é possível uma literatura de hiv/aids? De que forma o tema pode ser abordado na poesia brasileira?

Acredito que a busca por possíveis respostas a essas inquietações, especificamente por meio da poesia, pode mobilizar aportes da história cultural da doença e da literatura, nos permitindo compreender como "o tempo – o da antecipação do fim, o ritmo da tomada dos remédios, a expectativa com a chegada de novas drogas, o tempo de formas de amor muitas vezes impacientes" – é tratado na trajetória dessa doença.

Há um texto recente, escrito por Danilo Rodrigues Melo e João Camillo Penna, intitulado "Literatura e HIV/Aids: reflexões sobre a era pós-coquetel",[8] que nos ajuda a comprender tais questões, a partir do panorama da literatura produzida no Brasil abordando o tema do hiv/aids, destacando a importância da obra de Herbert Daniel e Caio Fernando Abreu na desconstrução dos discursos sensacionalistas e folhetinescos construídos nos textos jornalísticos dos anos 1980 e 1990 e na busca por novas abordagens ao hiv.

> *O tortuoso caminho trilhado no âmbito da epidemia do HIV/Aids desde os anos 1980 sempre passou, de uma forma ou de outra, pelas diferentes formas de apropriação da linguagem. No seu início, o total desconhecimento sobre a doença e suas causas, o desejo de apontar culpados e o imenso número de mortes, que tornava impossível ignorar a questão, levou ao que se chamou de "epidemia discursiva". Cristalizou-se, a partir da predominância de uma forma de linguagem pretensamente científica, sensacionalista e folhetinesca, estigmas e estereótipos ainda hoje muito fortes.*
>
> *Com a introdução dos medicamentos antirretrovirais, contudo, veio não apenas a possibilidade de sobrevivência, mas também a reação dos setores mais conservadores da sociedade, cada vez*

8 "Literatura e HIV/Aids; reflexões sobre a era pós-coquetel" foi publicado na Z Cultural – Revista do Programa Avançado de Cultura Contemporânea. Disponível em <http://revistazcultural.pacc.ufrj.br/literatura-e-hivaids-reflexoes-sobre-a-era-pos-coquetel/>.

mais representados na esfera governamental, com a imposição do emudecimento das campanhas de conscientização e da discussão ampla e aberta sobre o vírus e seus riscos, possivelmente contribuindo para os dados alarmantes refletidos nas estatísticas mais recentes.

Em um momento como em outro, a literatura se viu num cenário de confrontação com discursos retrógrados. Paradoxalmente, apesar das diversas mudanças atravessadas pela epidemia, com destaque para a introdução do coquetel antirretroviral na segunda metade dos anos 1990, muitas das questões iniciais se mantiveram. Se Herbert Daniel se insurgia contra a forma pela qual os doentes de Aids eram retratados, e Caio Fernando Abreu falava da "paranoia sexual" e buscava fugir dos estigmas construídos em torno do vírus, as obras mais atuais revelam que essas visões datadas ainda hoje impõem sua força.

Aliando essas reflexões sobre o vírus e a linguagem às indagações do meu processo individual com o hiv e a poesia, e ao prazer de ler textos de João Silvério Trevisan, Herbert Daniel, Caio Fernando Abreu, Bernardo Carvalho e Silviano Santiago – autores que, cada um ao seu modo, trataram do hiv na literatura –, surgiu o desejo de organizar *Tente entender o que tento dizer*, cuja pretensão é tentar provocar uma expressão artística e uma reflexão crítica sobre o vírus, o corpo e a linguagem através das trajetórias individuais de vida e do contexto histórico do hiv/aids.

O título do livro foi retirado da "Primeira carta para além dos muros", de Caio Fernando Abreu, crônica em forma epistolar, publicada no jornal *Estado de S. Paulo*, em 21 de agosto de 1994, em que o autor revela sua sorologia publicamente. Escolhi como título uma passagem de Caio F. por ele ter sido, entre os autores brasileiros, o que trabalhou a questão do hiv/aids de modo mais subjetivo e metafórico em seus textos, permitindo assim uma leitura mais aberta como a poesia.

Quanto à organização deste livro, optei por não fazer um recorte cronológico, mas sim por uma condução fluida e livre, reunindo os poemas a partir de três grandes eixos: a linguagem; os poemas dedicados às vítimas da epidemia; e um eixo mais complexo que comporta o corpo, a vida, o cotidiano, ou o tempo e seus desdobramentos. Além de antologizar os poucos poemas publicados sobre o tema, ou que estabeleçam diálogo com o assunto, trata-se de uma produção inédita feita por convite a gerações, gêneros e sorologias distintas. Um espaço onde poetas – brancos e/ou negros, cis e/ou trans, héteros, bi e/ou homossexuais, soronegativos, sorointerrogativos e/ou soropositivos – foram convidados, em sua maioria, a escrever poemas tendo o hiv/aids como temática, de forma direta ou indireta.

O chamado à produção, feito por email diretamente a alguns autores e em um post aberto no facebook com o propósito de ampliar e provocar diferentes vozes, teve resultado imediato: centenas de poetas enviaram textos e poemas, em grande parte exclusivamente compostos para o livro. Ao reunir nomes consagrados e iniciantes, priorizando na maioria os autores com livros publicados, busquei espelhar a pluralidade de discursos contida neste universo e as mais diferentes perspectivas que o tema inspira. O interesse da editora Bazar do Tempo pela publicação surgiu com Ana Cecilia Impellizieri Martins, que identificou o chamado aos poetas publicado na rede social. Assim, iniciamos uma longa conversa e passei a dividir a seleção final dos poemas com as editoras Ana Cecilia e Maria de Andrade, buscando sempre o diálogo dos poemas com o corpo da obra como um todo. Entretanto, me responsabilizo por todas as escolhas, norteadas, acima de tudo, pelo respeito à diversidade de vozes e em consonância com a qualidade dos poemas no conjunto.

O diálogo do hiv com a poesia, embora escasso, não é inédito. Curiosamente, vale lembrar que, como registrou em suas pesquisas Marcelo Secron Bessa, o Ministério da Saúde utilizou os versos do poema "Quadrilha", de Carlos Drummond de Andrade, para uma campanha de prevenção sobre hiv/aids em 1987.[9] Os versos do poeta são transformados numa paráfrase de gosto duvidoso: "João que amava Teresa que amava Raimundo / que amava Maria que amava Joaquim que amava Silvio que amava Ana / que amava Zeca que amava Rita que amava Fábio / que morreu de Aids." E por fim é dito: "Não morra de amor, use camisinha."

De acordo com minhas pesquisas, no Brasil, o poeta e professor Italo Moriconi (que aqui assina como Italomori) é um dos poetas que vem produzindo de forma mais atenta sobre o tema, desde o início da epidemia nos anos 1980 até hoje, e por isso aporta aqui com três poemas de fases distintas. Com a produção atual, principalmente dos poetas mais jovens, nota-se uma abordagem mais voltada para a linguagem, o tempo, o amor, e, principalmente, o corpo – não o corpo frágil e ferido, apresentado no início da epidemia, eclipsado com a morte, mas um corpo contagiado de vida, tesão e esperança. Há ainda, nesses versos, a entrada dos medicamentos antirretrovirais como companheiros de uma saga, os dilemas das relações sorodiscordantes, uma maior abertura para a vida espiritual, o medo do diagnóstico e dos efeitos colaterais e as dificuldades de abrir a sorologia para o outro. Além da memória como forma de abordar (e homenagear) pessoas que não sobreviveram à epidemia.

9 C.D. de Andrade, "Quadrilha", in *Nova reunião*, Rio de Janeiro: J. Olympio, 1985. "João amava Teresa que amava Raimundo/ que amava Maria que amava Joaquim que amava Lili/ que não amava ninguém./ João foi pra os Estados Unidos, Teresa para o convento,/ Raimundo morreu de desastre, Maria ficou para tia,/ Joaquim suicidou-se e Lili casou com J. Pinto Fernandes/ que não tinha entrado na história." O comercial do Ministério da Saúde está disponível em <www.youtube.com/watch?v=rlAXBNhj6nw>.

A surpresa, ao final da organização desse livro, foi relembrar do diálogo com o hiv/aids na obra de Rodrigo de Souza Leão. Em sua prosa poética, personagens se referem ao vírus e/ou à doença, seja em *Todos os cachorros são azuis* (2008) e em *O esquizoide – coração na boca* (2012), seja nos inéditos *Viver faz mal à saúde* e *Objeto abjeto.*[10] No entanto, optei por dois poemas em que o hiv/aids é levado para os versos por Rodrigo, acentuando o elaborado trabalho que fez, por meio da ironia e do lirismo, com a linguagem.

Vale destacar, por fim, que uma referência importante para este livro é a Visualaids,[11] organização internacional que reúne artistas para provocar o diálogo com o hiv/aids e as artes, o hibridismo de linguagens, além de apoiar os artistas hiv positivos e preservar o legado, porque a aids não acabou.

Agradeço a cada um dos poetas que participam desse projeto, seja por terem se prontificado a escrever versos inéditos ou por me indicarem onde poderia encontrá-los. Aos poetas que não entraram na seleção final, aos quais tenho admiração, fica o meu verdadeiro agradecimento, pois entendo o esforço e a dedicação de cada um. Estendo o meu agradecimento à família de Caio Fernando Abreu – Marcia de Abreu Jacintho e Claudia de Abreu Cabral – e à agente literária Lúcia Riff pelas autorizações necessárias. Ao meu companheiro Wagner Alonge, pelas trocas, conversas e incentivos ao longo da criação deste livro. Aos amigos Ana Vitória Vieira Monteiro, Leona Cavalli, Luiz Eduardo Soares e Miriam Krenzinger pela solidariedade ao longo do meu percurso. Ao pesquisador Arthur Vinicius Anorozo Nunes pelo diálogo sobre o vírus, a poesia e a linguagem, que ampliou minha

---

10 O acervo de Rodrigo de Souza Leão se encontra no Arquivo Museu de Literatura Brasileira da Fundação Casa de Rui Barbosa (AMLB-FCRB).

11 Disponível em <http://visualaids.org/>.

percepção desse trabalho. Ao querido Jean Wyllys pela abertura de espaço para publicação do primeiro texto que escrevi sobre hiv/aids, gênese deste livro. Minha gratidão às editoras Ana Cecilia Impellizieri Martins e Maria de Andrade, que acreditaram na proposta, viabilizando a publicação, e, ainda, aos professores Denilson Lopes, Alexandre Nunes de Sousa e Eduardo Jardim pelos textos que complementam o livro. Agradecido, Felipe Stefani, pelas belas ilustrações de traço delicado que se uniram às páginas desta seleta, e Omar Salomão pelo projeto gráfico original desenvolvido para o livro. Ao Itaú Cultural de São Paulo, na pessoa de Galiana Brasil, por estender o debate sobre hiv/aids dentro da instituição, proporcionando a oportunidade de realizar o primeiro lançamento deste livro, dentro do evento "Todos os gêneros", neste ano de 2018.

Desejo que este livro possa abrir espaço, amplificar as vozes, para além dos dados médicos e estatísticos, para que possamos entender melhor como podemos falar sobre hiv/aids, sem medo ou pudor, e (por que não?) com poesia. Sim, com a apropriação da linguagem, modificamos o vírus do preconceito, aqui corpo é texto.

TENTE
ENTENDER
O QUE
TENTO
DIZER

I

Silviano Santiago

SIM

Não há por que esquecê-la,
embora sua chegada seja iminente.
Cata-se a Vida a cada dia.
Ela é a cada dia. É.
Não me sacrifico.
Inquieto-me.
Sorrio como empalideci na
tarde em que soube de supetão da sua chegada iminente.
Às vezes, me deito de costas para o teto do quarto.
Braços estendidos transbordam a largura da cama.
Abrem o corpo em cruz.
Aguardo a iminência.
Como se ela acontecesse já. Já.

Observo-me, sou eu não sendo eu.
Tenho sido sem ter
            sido.
Tento ser sem ter
            sido.
Não somos todos?
Tudo saber e nada conhecer.

Em céu de brigadeiro
o avião do corpo se desgovernou num átimo de segundo.
Felicidade.
Pergunto à Vida se ainda faz
sentido lhe emprestar sentido.
Responde-me que sim.

Nelson Ascher

DEFESA E ILUSTRAÇÃO

Para que um texto quase
doentiamente ilustre
a sua própria indústria,
compete, frase a frase,

ao estro que extravase
de fleuma quando, ao ultrapassar
tudo que o nutra,
demonstra até a náusea

o quanto de rascunho
se arrisca, além da acídia,
no ofício que, importuno,

prevê menos saída
que a síndrome da imunodeficiência
adquirida.

Originalmente publicado no livro O sonho da razão, *São Paulo: Editora 34, 1993.*

Marília Garcia

DIAS CONTADOS

"o tempo que temos
se estamos atentos
será sempre exato",
foi o que ele disse
a ela numa carta
e ela repetiu
em voz alta e foi assim
que ouvi
as palavras dele
na voz dela

ela falava das cartas
que eles tinham trocado
e contou que esta frase
que estava numa carta
dele pra ela
tinha virado
um *lugar comum*
nas citações da obra
dele

então tentei pegar
a frase e ouvir
de novo
            e tentei pegar a
frase e ouvir cada
palavra de uma vez

e tentei também
ouvir a voz dela e ouvir
a voz dele as vozes
sobrepostas
dizendo:

"o tempo que temos – se estamos atentos – será sempre exato"

talvez seja uma frase
de um homem
com os dias contados
de alguém com o *timer*
ligado
vou ajustar o cronômetro
você me diz
você que escreve coisas tão tristes
vou ajustar o timer
por quanto tempo você aguentaria
respirar debaixo d'água?
se estivermos atentos
não era bem isso
que você queria dizer?
parece que as linhas
que ainda faltam aqui
serão exatas
mas como fazer para saber?
parece que hoje
de agora em diante
ou será mesmo que o tempo
poderia ser
medido?
o tempo que tenho

começo a medir
você me diz
e pergunta
como eu faria
se

nesse dia
ela falou
duas coisas que me marcaram
a segunda
sobre o tempo que ele não teve
e a primeira
sobre o *timing* das coisas
sobre ir desdobrando
a experiência
e chegar ao fim.

Paulo Scott

VIDA VERSÃO DOIS

o colibri traz dentro de si
uma caixa onde guarda
e carrega um mamífero
de impulso não revelado

o colibri também guarda
dentro de si um observatório
astronômico com o qual
enxerga onde é mais longe

e secura de estrela dentro si

olhando assim de fora
enquanto dorme voando
o colibri em sua desarrumação
é ilha que não descansa é farol

igual filme em sala de Botafogo

ilha que não aparece nos mapas
por isso o colibri é essa beleza
sopro que não fixa – essa aquarela
de afetos e afagos aquarelas

espalhado nas folhas e árvores

coringa sem território pingando
(nos que o supõem poeira)
seu atabaque cardial
sua pequena explosão

o colibri bate seu móbile
sua vitória com asas
que desaparecem
e como nenhum outro ser

(apesar do tamanho)

e sopro

sem território

consegue ter

Luana Carvalho

para abrir um poema é preciso ter as mãos livres
fugir aos nomes à onda ao caos dos puros
é preciso nenhuma história só o abismo
ter tudo por fora de deus
em torno do trono
coberto no manto
suado de febre

para abrir um poema é preciso um vírus
penetrar a célula da palavra ao rés do verso
é preciso nenhum sintoma só vontade
ter tudo por cima da onda
dentro do núcleo
fixado nos genes
vestido de eterno

para abrir um poema é preciso lamber a língua
tragar o sangue a saliva a onda dos sulcos
é preciso nenhum fastio só a festa
ter tudo por dentro da carne
abaixo do chão
deitado no barro
defesso de ferro

para abrir um poema é preciso opar a veia
injetar a paisagem mais viva do mundo
é preciso nunca esquecer as praias
ter tudo através da onda

no meio da náusea
voltado pra vida
dormido de areia

para abrir um poema é preciso muita mãe
abraçar a criança mais xucra do mundo
é preciso nunca esquecer as mortes
ser onda apesar de tudo
acima do orgulho
ungido de amor
liberto da cisma

para abrir um poema é preciso não dormir
ter a noite o dia o tempo à foda
é preciso dar fome à onda
ser gozo apesar do tédio
pra dentro da boca
despido de glória
pungente do coito

para abrir um poema não é preciso diérese
nenhum bisturi sedativo outra onda
pinça tesoura tese afastador
não é preciso preensão
nenhuma válvula ou hemostasia
para abrir este poema, não

para abrir um poema é preciso
não ter medo do poema

é preciso só querer
a onda

para abrir um coração
um cu
um prepúcio
uma buceta
uma célula
é preciso um poema

Eduardo Sterzi

OS HIMALAIAS

Os himalaias crescem vinte milímetros por ano
porque a índia continua a se chocar com a ásia central
Mas o que continua a crescer e se chocar
verdadeiramente não tem nome: nem himalaia
nem índia nem ásia central nem vinte milímetros nem ano
até mesmo a ideia de continuação aqui não tem nome
Nada continua porque nada verdadeiramente começa
nem tem fim já o início é memória de grandes destruições
(Também a destruição não tem nome: estamos vivos
dentro e fora antes e depois do que chamamos
dentro e fora e antes e depois)

Antonio Carlos Secchin

NOITE NA TAVERNA

1

Senta uma puta perto da taça.
Arde uma tocha acima da mesa.
Salta uma estrofe em cima da coxa.
Nasce um poema a toque de caixa.

Fora, uma virgem dorme na lousa.
Ri-se o poeta em torno da brasa.
A mão do poeta passeia na moça.
O seio da moça é uma pétala gasta.

2

Crepúsculo, vinho, hemorragia:
vai vermelha a voz da poesia.
A vida só vale o intervalo
entre início e meio de um cigarro.

Traga, taverneira, algo bem ríspido,
afogue em rum qualquer sonho nosso.
Brindemos ao que esconde o futuro:
metáforas, Aids e ossos.

Originalmente publicado no livro Todos os ventos, *Rio de Janeiro: Nova Fronteira, Ministério da Cultura, Fundação Biblioteca Nacional, Departamento Nacional do Livro, 2002.*

Leonardo Gandolfi

NOTÍCIA

Imagina a janela batendo ou a cortina se fechando.
Melhor não, porque a janela e a cortina dão a impressão de que
[tem algo dentro.
E é mais como aquele instante em que uma coisa bate de frente
[com outra e.
Sabe, fiquei pensando em só aparecer em algumas frases.

Leonardo Chioda

toda a palavra basta:
eu quero luz a um país vendado

luz, por favor, que me ergo estrelado aos meus
ainda que no seio das brenhas
assim pelo breu do sangue
eu só veja os passos lentos
os poços largos de tanta lágrima

luz – até que fique legível
cada emblema do coração na boca
e a primavera gritando plena ao peito
por todo o vício floreado da minha alma

então veja bem: eu não sou o que não se entende
eu sou o que o amor faz de mim

luz aqui, por favor, mais luz
para que eu brilhe
como brilha todo precipício

que perto do escuro [lendo as crianças]
basta o meio raio: eu quero a luz
de um país vendido

e se abro toda a palavra nas veias

›

em pé fecho o pulso
firme e tão certo – o punho reto como a queda

eu estou com quem bem entende o amor
porque só no amor
e assim
é que se pode ouvir mais uma voz
só agora [e nunca só]
é que pode haver alguma nova luz

Ana Paula Simonaci

SOBRE COMPARTILHAR
[ou gatos, cigarros e dançar ao som de vinis com a agulha arranhada]

a linguagem
não apenas marca o guardanapo
ou o som ou o silêncio
é a vida, um vírus, um contágio
que se desenrola no devir dos dias
para traduzir o invisível
em trocas

um girassol na toneleiros
te dei um dia
uma noite no leme
te roubei um beijo
e uma flor bonita
na árvore da rua Clarice Índio do Brasil

os anos são regados pelo som
do que diz o homem que vende flores
você lembra?

há cumplicidade
debaixo do sol

[um relógio de fogo
que escreve revoltas e reviravoltas
e volta sempre ao mesmo lugar]

quando rodopiamos
com mãos estendidas
para dar e receber
a luz que circula em todo corpo
que dança
para fazer
a vida
de outro
acontecer
mais bonita

Flávia Muniz Cirilo

AGÁ E VÊ

óculos
luneta
telescópio
olho mesmo da pessoa
arregalado
grande de tão grande
por descobrir-se positiva
por enxergar a própria vida
com as dimensões da alma
com a calma que advém do tempo
porque o tempo nos revela a face
o mesmo rosto que expressou espanto

mas do próprio canto pôs-se a remendar-se
alinhavou o medo da morte
com aquilo mesmo que viera fazer na Terra
adornou de vermelho sangue
as cantigas
os poemas
as raízes
os amores
e seus mares
e caminhou feito todo ser humano que nasce um dia
mas pôde ver nitidamente
a cabra-cega do mundo
os tapa-olhos dos homens
esquecidos dos pés na terra

atônitos nessa grande morada
casa de todos nós
amparo materno
motivo único
da imensidão preciosa:
a vida.

Ayrton Alves Badriyyah

E F G H I V J

K L M N O P

Q R S H I V

X W Y Z A B

C D E F G H

I V J K L M

N O P Q R S

T U V X W Y A

Omar Salomão

Sylvio Fraga

PINTORES E ESPERANÇA

Hobemma, iluminada velatura,
halos inumados, veja:
havia insípidos verões,
hoje insônias verdejantes.

Há Ingres, vedado
hímen intransigente, virtude
homérica ilhada, Vênus.
Haja intolerância voluptuosa.

Herda-se inevitavelmente Velázquez.
Homem insólito, valente,
horrorizava ingênuos, vertia
hermetismo introduzindo verdade.

Leonardo Marona

CORDEL POSITIVO

a pele que suga a espora
na espera do que sem demora
se torna senhora da morte
e dorme na hora da mola
namora o surto do sangue
no mangue da soma transversa
no verso de um mar de amanhãs
são rãs em alta voltagem
à margem da corda do amor
no musgo do encontro profano
na sorte do abraço sem pena
na luta, coquetel de beleza,
certeza a mesma que tudo
que é mudo precisa ser forte
no choque da busca parada
a saga da vida sem hora

Fernando Impagliazzo

ANTICAMONIANA

Cantar a essa gente rude que vive
contaminada por algum vírus,
bactéria, bacilo, bicho geográfico.

Inundada por corrupção
condiloma, cochicho, muxoxo
por falta de dinheiro
e amor.

Cantar, que amar se contamina
amando, estamos todos contaminados:
seu sexo, minha boca, seu braço,
o abraço, o beijo, a fala direta.

Há alguma sinceridade ainda, eu sei,
são nossas contaminações diárias.
Incrível estar contaminado no canto
naufragado, sem poder contaminar.

Maria Isabel Iorio

A BIOLOGIA DIZ

os vírus são discretos
eles não transam
assim de repente de qualquer
jeito não eles só se reproduzem
em silêncio
entre as membranas
de uma célula
nossa

se valendo de que somos
isso um rosto exposto
ao sol e ao sangue
aos órgãos deliciosos
fora do algodão

isso um corpo todo
exposto à queda, ao caldo
ao leite e a todos os instrumentos
que furam ou cortam
somos isso que
nunca está totalmente limpo
capaz ou imune

também nunca entendemos muito do laudo
geralmente apontam que ainda estamos vivos
que rogério não morreu porque era tímido

André Vallias

GCTTAATACCGACGCTCTCGC
CGTTCTAGCTCCCTGCTTGCC
CCTGGCTGTTGTTTCCTGTGT
GTTCCTGCTATGTCACTTCCCC
GTGTCGCTCCTGGTCCCAATGC
CTCTCTTCTGGTGGGGCTGTTG
CAATTATGTTGACAGGTGTAGG
GCATCGCCCACATCCAGTACTG
CTGATGTTTTTTGTCTGGTGTG
GCCCCCTGCTTCTGTATTTCTGC
GCTGCCCCATCTACATAGAAAG
CAGCACTGACCAACCCATCTAC
GCTGTTTCTTGCCCTGTCTCTG
CTTTCCCCTGCACTGTACCCCC
CAAACTGGATCTCTGCTGTCCCTG
CCCTGACCCAAATGCCAGTCTC
GCTCCCTCTGTGGCCCTTGGTC
GCTGTCTCCGCTTCTTCCTGCC
CCCCATTTCCACCCCCATCTCC
GTGGGGTTAATTTTACACATGG
GAATCGCAAAACCAGCCGGGGC
CATTTTGCTCTACTAATGTTAC
CATCTCTTGTTAATAGCAGCCC
TCTGGCCTGTACCGTCAGCGTC
CTCTGTCCCACTCCATCCAGGTC
CCTACCAAGCCTCCTACTATCA
CTATTCCTTCGGGCCTGTCGG
GCAAAATCCTTTCCAAGCCCTG
GTAGCCTTGTGTGTGGTAGATCC
GTACAGGCAAAAAGCAGCTGC
TTTTTTTTTTTTTTTTTTTTTGAAG
VIDACONTAGIACOMVIDATODAVIA

Bruna Mitrano

PONTO DE CORTE

nunca contei cd4
nem fiz pep prep

trava língua que
eu devia conhecer
quando

é difícil falar
respira

a coral escapa
da cinta do caboclo

e escala o corpo
e entra pela boca

a demônia é a febre
mas é menos a febre
que a hora e o dente

no lugar incerto (
diz-se indeterminado)

respira

na *zona cinza*
acima do cut-off

é difícil às vezes é
impossível

respirar
fala

existe uma janela.

João Gomes

CONTROLE DE MORTE

Serão prescritas
dezenas de picadas
à base de penicilina
como paliativo
a um fim, pois vivo
sem dura briga
às manchas fátuas.

Somem numa paz
ilusória a recomeço
de mutilado cansaço,
aguarde por sintomas
análogos em teoria
batida pelo vício
de ter nua a fala.

Kako Arancibia

RIMA DISCORDANTE

dizem que plantou-se em mim uma invasão
no núcleo macio do meu circo
fui *hostess* de um gentil adversário
um match-lembrete sobre não perdurar
num ato desprotegido
agonias acrobatas giraram no ar
por baixo: imaginadas covas

cheio de vontade
me vi morte
mas o que se fez em mim
na real era ocupação
essa sim, repleta de natureza

que morrer também é lei de vida
e de repente em mim
detectei a possibilidade de uma sorte
uma felicidade febril
um tremor de terra
uma firme instabilidade
ao entender que não sou território de uma guerra

sem batalhas, sem exércitos, sem inimigo
me curo de medos, bombas e fantasmas
posso dançar na trincheira, na rua, na cama
posso até fazer poesia

com uma rima discordante
e, latejando juntos,
vamos brilhar saúde bem diante dos seus olhos

Felipe da Fonseca

DIACRONIA POÉTICA IV

João amou Teresa que
amou Raimundo
que amou Maria que
amou Joaquim
que tinha sido amante de Lili que tinha SIDA

Originalmente publicado no livro Ecce humu, *Rio de Janeiro: Editora Torre, 2011.*

Chacal

ESCREVO COM TODAS AS LETRAS

eu quero o amor
livre pro que der e vier

eu quero você fora
do armário da caixinha do quadrado

eu sou do grupo de risco
só me interessa o que vem do outro

toco com todas as teclas
pinto com todas as cores

não quero mais do mesmo
eu quero mesmo o outro

Mariel Reis

CONTAMINAÇÃO

Flamboyant abraçado
Às raízes do corpo.
Estreita faixa carmim:
Florescem setas,
Copa da pele.

Domingos Guimaraens

OUTRO VOCÊ

De manhã o telefone toca
Te acorda o rosto amassado
Uma noite boa
Mesmo sem dormir
Alguém ao lado

- Alô (baixinho)
- É do laboratório.
Você fez um exame
HIV
Um resultado
Inconclusivo

Um frio
Um medo
Quem do outro lado fala
Som de voz mecânica
Que agora sua vida
No fio fino de uma agulha
Se separa ›

Reagente
Não reagente
Alguém ao seu lado reage
Acorda

– Quem era a essa hora?
Tudo bem?
– Vai melhorar.

Na cozinha um café
Lá fora o sol alheio a tudo
Na cabeça tantas vezes
Constantes negligências
Quanto ao sexo
Seguro
Como na noite passada
Com alguém
Que agora por trás te abraça
Foram mulheres
Foram homens
Uma comunidade inteira

Na cabeça o desenho
De uma corrente de contatos

De contágios
 |
 Que
/   \
Se ---- multiplica
/   /
Expande   em --- progressão
/   \ | \
Até   sem ---- cascata.   \
\   /   \   geométrica
 Cessar   \   /
\   Rumo
\   /
\   /
\   /
\   /
\   /
\   /
\   /
\ /
a
|
Responsabilidade que você tem com tudo isso.

Fosse uma condição cardíaca
Ninguém ia dar bola
Te julgar
Te desprezar
Preconceitos
Era genético
Não se escapa
Não se decide
E tem coquetel também
Que afina o sangue
Regula a pressão
Maracujá agora
Ia melhor que café

– Telefonema ruim?
– Não, não foi nada.
– Quer um bacon na manteiga?
– Não, isso mata!
– Hoje nada mais mata. Eles desentopem tudo.

Acende um cigarro
Frita o bacon
Em baforadas

– Você não vai parar de fumar? Isso mata.
– Cada um incensa Deus como pode.

Dá de ombros na contra luz
Da fumaça
Do cigarro
Da fritura
Da manhã

Tudo é sempre a responsabilidade
Que você tem com tudo isso
Pensa
Olhando o bacon
O cigarro
A roupa
A carteira o plano de saúde

– Onde você vai?!
– Quero uma fruta, um suco verde, algo saúde.
Quer alguma coisa da rua?
– Marlboro Light. Acabou. No varejo. Tenho mais em casa.

Na rua o sol acende seus olhos
Mas você não vê melhor ›

Seu sangue corre forte
Devia ter dito
Um teste
HIV
Positivo
Falso positivo
Inconclusivo
Quem sabe?

– Telefonema ruim?
– Não, não foi nada.

Seu cérebro frita
Como bacon na manteiga
Volta e conta?
Vai refaz?
Tudo é sempre a responsabilidade
Que você tem com tudo isso

– Um suco de laranja…
E um Marlboro Light…
No varejo…
Dois, por favor…
E um isqueiro.

Rita Isadora Pessoa

NOTA SOBRE A INVARIABILIDADE DO TESTE OU 1 POEMA REAGENTE

{contém traços de realidade
mas não o bastante}

uma mulher carrega
um envelope na mão
como quem acalenta cuidadosamente
                    uma ogiva
macia perigosa como uma onça
   [quase domesticada]
uma mulher assintomática
com uma dúvida prodigiosa
atenta ao menor sinal
de que nos instantes seguintes
      seu destino
haverá de se bifurcar
uma mulher assintomática
ainda assim com uma dúvida
sobre o espectro de variância
   entre dois signos (+ ou -)
entre a fenomenologia do verbo testar
e a brutalidade do verbo *reagir*

uma mulher que *preferiria não*
mas que agora sabe

: a cor dos olhos inescrutáveis da enfermeira o número de
ranhuras na porta do consultório quantos milissegundos alguém
pode passar sem tomar fôlego antes
de finalmente processar um golpe como permanecer sentada
como permanecer sentada

a despeito

como não atravessar a parede do cômodo
como permanecer sentada
até que seja possível
olhar-se nos próprios olhos
e levantar-se
com a ogiva o envelope na bolsa a onça domesticada
para permanecer
no próprio ato de permanecer indefinidamente
de um ponto a outro
como quem entende que o tempo
tem várias portas
e não é uma grandeza de fácil compreensão

Juliana Krapp

DESCOBERTA

Ela está tentando avançar
com aquelas mãos que costumavam ser as dela
– sonsas, muito boas
em desmantelar dísticos
e intuitos de superfície

Ele está enrodilhado sobre o próprio corpo
imita um feto
e soluça
mordiscando os lençóis

A criança é a única que dorme
nasceu há poucos dias e suas veias ainda são finas demais para
[que lhe tirem o sangue
pela dobra do braço
Em vez disso, irão extraí-lo pelo dorso da mão
até que o líquido escuro preencha a ampola com sua carga de verdade
e de mistério

Mas isso é amanhã. Apenas amanhã

Por ora ainda estão na cama
os três e o intruso
recém-chegado

Este deixou os despojos alhures
e penetra por inteiro
seu próprio inframundo

É diligente, é especialista
obedece cegamente à estirpe
operário como outro qualquer alguém
num chão de fábrica
        – alastra-se
        apenas

O homem e a mulher sabem
que pelo resto da vida
irão escondê-lo e abrigá-lo

Não como quem oculta cadáveres ou remorsos mas sim
como quem encobre algo vivo
morno e instável
            – judeus, bósnios, tutsis ou armênios
              olhos silentes no escuro
              marcas de nascença
              chagas, volúpias

"Foi em legítima defesa", diriam aos generais
"Foi um acidente", explicariam aos mais íntimos
caso fossem descobertos

Ao olhar de asco e repreensão
responderiam
com um baixar de pálpebras
ou um sorriso infame. Tanto faz

Haverá sempre vigilância
a espreitar pelas gelosias
o alarme do relógio
a lembrar os remédios ›

E mesmo que, nesta noite,
as mãos dela
não alcancem as omoplatas dele

permanecerão irmanados
cúmplices, sozinhos
o corpo a entremear morte e vida
exatamente
como o de todos os demais 7,5 bilhões

Micheliny Verunschk

ANOTAÇÃO SOBRE UM RIO QUE CORRE À REVELIA DE TUDO

Há um rio
imenso
incomensurável rio
que corre
de mim para você
de você para o outro
do outro para o outro do outro
até que deságue
de novo esse rio
no mar de mim mesmo

nem a confusão dos homens
nem o turbilhão da aids
nem a marcha insana da ignorância
nem o ruflar das asas do tempo
impedem esse rio de correr
rio imenso
incomensurável rio
de mim para você, amor.

Paulo Sabino

SÍNDROME DA HUMANA DEFICIÊNCIA ADQUIRIDA

O que precisa ser combatido:
A mancha feia da ignorância
Tingindo a palavra intolerância:
Não existe nada pior em ação
– A grande síndrome da deficiência adquirida
É a desinformação –

O que precisa ser banido:
O efeito gerado e causado
Pelo preconceito
Que existe e insiste
Em mostrar a cara dura
Contra o amor:
A verdadeira cura
Para todo e qualquer mal-estar
– A grande síndrome da deficiência adquirida
É o ódio doado na sala de estar –

Gabriel Mação

O QUE MATA

Me corta por dentro
Como estilhaços de vidro transparente
Do prato quebrado
Ontem no jantar
O medo deles
E a sua ausência
O buraco deixado
Em minha carne ainda
Cicatriza
Mas o que dói é sentir-se
Como uma bomba
Ali, no meio do círculo
Vazio
Deixado por todos

Nas ruas
    Nos prédios

E ainda em mim
Corre o meu sangue
        Positivo
        Humano
Eu
Vivo
E sinto o cheiro das tardes
Se findando
E recomeçando ›

Todos os dias
Continuo...

O que mata não está em mim,
Vem de corações doentes
De quem não se livrou
Dos medos de estimação
E ainda coleciona
Preconceitos nas gavetas
E cabides
Do armário

O que mata
Não é meu sangue,
É ainda não terem queimado
As roupas velhas
Rasgadas, manchadas
E ultrapassadas

O que mata
É a falta de amor.

Ricardo Dalai

PESO DO VÍRUS

mais grave que o do sangue
é o vírus da alma
que não importa o tempo
não haverá cura
nem vacina nem prevenção
é vírus móvel
que não caminha
mas voa
pelo ar
pelo olhar
no evitar
mata aos poucos
definha como corpo preso ainda vivo pela corda no pescoço

sua morte vem lenta
quase parando
mata aos poucos
quase parando

a travesti espancada morreu dessa morte
o menino que rebolava morreu dessa morte

essa doença não tem sintoma
essa doença não tem remédio
vendido na drogaria com promoção de viagra

é invisível, embora a vejamos
é muda, embora ouçamos ainda os gritos dos meninos nos corredores
pega! pega ele!

o menino evangélico morreu dessa morte
quando pulou direto pro asfalto quente
que tocou seu rosto como um murro como
lâmpada como cuspida corre pega ele!

mais dolorido que o do sangue
é o vírus da alma
não surgiu esses dias
e pode nunca desaparecer
ninguém assume que existe
essa morte pior que o fim

o corpo não leva as dores
o sangue não tem hematoma
ninguém olha torto pro ví-
rus ao contrário: o temem

o corpo é vazio
o sangue evapora
a alma, não: ela pesa
e não existe caixão
que possa levar essa dor embora

Rodrigo de Souza Leão

PIEGAZMENTE PIEGAZ

eu queria ter a coragem do estudante chinês
que enfrentou o tanque
eu queria ser o índio
contra o ianque
ser a luz contra a escuridão
eu queria ver o touro
chifrar o toureiro
eu não queria ser o banheiro
o banheiro da estação é imundo
imundo como a moral de alguns
quando toda saída devia ser mágica
eu quero pôr pedra e pedra na minha
construção, construção
eu queria ser o filho da
mãe de maio
e voltar pra casa com meus amigos
eu queria ser a cura pra aids
– a solução pros meus problemas
ser isto seria tanta coisa
que eu não seria deus
pois todos e tudo que falo
tiveram a coragem que não tenho
pra enfrentar a parede
pra derrubar
ou pôr flores no túmulo da bondade

ELEGIAS AO NADA

10
não há nada que o sol não revele
principalmente hoje
quando a neve fecunda o óvulo negro
do asfalto
e dessa combinação
surge o óbvio
larva não é carvão
pinga não é chope
chinelo é pra quem dissolve a prata
cuspindo luas
aquosas
no café
combustível
querosene

11
e fustigado
punido
no canto
de uma jaula
com a missão
de se eternizar
num grito
eis o poeta
que ruge
com todos

›

os pelos
do corpo
arrepiados
eis o poeta
domesticado
pelo
pânico

12
então masco um colibri
só para ter seu voo
só para aprender a voar
mas deus impede o poeta
de tentar voos cegos
e se soltar dos cimos verdes
deus impede de ser morcego
sendo o poeta um vampiro
que suga outra poeta
deus impede o ser humano
de ser um poeta e um vampiro
pelo menos é o meu deus
o que beija a minha jugular
o que me matou de aids

"Elegias ao nada" foi publicado em sua versão completa no livro No litoral do tempo, *Pará de Minas: Virtual Books, 2000. Aqui constam apenas as estrofes 10, 11 e 12 do poema.*

Vinicius Varela

OS TRABALHOS DA LINGUAGEM
um ensaio para os doze trabalhos da morte

Tua rosa apoteótica
traz guardada a contravenção dos adeuses.
Eu sou aquela que plantou
a árvore das mãos que dizem adeus.
Os sintomas do teu nome
me transcrevem o presente da lonjura.
Esse fruto tardio não se come
que cada mão dizendo adeus é uma fome.
Cada mão dizendo adeus é um nome
que aprendeu a se calar em outra língua.
Onde a glória dos nomes se despede
as mão anulam as cosmogonias.
Esta existência é uma pequena distância
entre dois símbolos gráficos.
A abertura das aspas do tempo
e a tentação do silêncio.
Viver é verbo de dois tempos
estou ali entre o repouso das vírgulas
e a alforria das sílabas do tempo.

Kesley Rocha Dias

PENA DE MORTE

Detento com HIV diagnosticado
puxa cadeia dobrado.
Enquanto a imunodeficiência humana
ataca o imunológico sistema
o vírus *Descasus Cronicús do Estado*
ataca a enfermaria da hashtag
ergue sorriso, assiste atroz espetáculo.

Sobreviver até o alvará cantar é sorte
HIV na tranca é pena de morte.

Mas esse plano de execução velada
acaba quando uma rebelião literária
estourar nos pátios d'Alcatraz.
Vai ser um marco
ler Plínio Marcos
ver suas ideias serrarem as grades da cela
presidiários caírem pro asfalto
na febre, espalhando a roxa
pelo sangue, pela porra e pela merda.

Pedro Rocha

DIAMANTE DINAMITE

No Sérgio Franco
a moça muito dócil
me dirige a pergunta
com luvas e ferramentas nas mãos:

– Oi, sou Sônia, tá tudo bem com você?

Já antes de falar começo o choro.

– Eu não vou olhar,
não é por nada
não é dor ou medo.
É o encantamento com
a força de jorro de vida
vermelho que preenche
tão veloz o tubo,
esse na sua.

Aprende-se muito
assistindo a desenhos
animados.

Um homem com uma camisa de gola
bolsos vários
branca

toda
botões grandes no meio
indo até abaixo do joelho

dirige a fala técnica
ao futuro pai que
faz com ele o
pré-natal:

– Mas por que você quer fazer esse exame?
Isso é para quem gosta de dar o cu.

Aprende-se muito
assistindo a desenhos
animados.

Dois desconhecidos
se beijam com deliciosa volúpia
na mesa de plástico que carrega
a estampa de uma cerveja que já
não se bebe em cima desse agora.
Num determinado momento
a moça morde a boca do outro
que a empurra derrubando
a madrugada pela calçada
portuguesa de botafogo

– Eu sou aidético, você não me conhece.
Posso começar a te matar dessa maneira.

Aprende-se muito
assistindo a desenhos
animados.

A noite se estende por dentro
dos que a iluminam com toda
sua última chama que aflora
nos olhos. Os que estão mais
aqui podem outra

- Você não acha que devemos
  usar alguma coisa?
- Eu sei nos seus olhos
  que não.
- Sabe nos meus olhos?
- Camisinha é pior que aids.

Aprende-se muito
assistindo a desenhos
animados.

Do ônibus saltamos no gordon
do leblon antigo canguru
hoje beija-flor de Cazuza já sem
música.

- Eu sou positivo há muitos anos.
  Um leão por dia.

A cada um, tudo tem que ser enorme.
(os gânglios me disseram)

Aprende-se muito
assistindo a desenhos
animados.

Meu amigo antónio não tomava
El mate na cuia coletiva
porque os amigos dele
tinham medo que o hiv
pudesse ser transmitido
no calor do útero da água
quente que a gente usa no ato.

– Pero António, ...?
– Sí, és la única manera de tenerlos.
(Detenerlos)

Aprende-se muito
assistindo a desenhos
animados.

Certa madrugada
encontrei o poeta
na livraria já falecida
que tinha uma entrada
para cada rua que a rodeava

- Oi, vem aqui que eu preciso te dizer que peguei Aids
  Acha que vou morrer em menos de um ano?
- Meu amor!

A vida
enchendo o tubo de vermelho
num jato franco
força do corpo
choro de vulcão

Regina Azevedo

DETALHE

o sangue
é um detalhe

feito

gostar ou não
de aspargos

a disposição
do arroz e feijão

ou a quantidade de pelos
que nasceu
no queixo da minha avó
em sua última semana

todo sangue é uma explosão
ensimesmada

é composição
quimera
linha e tecido

o sangue
é só um detalhe

feito um pingo de chuva
pra quem souber
cantar

Marcos Fábio de Faria

QUARTA-FEIRA, 16 DE SETEMBRO

Era um monstro e mais nada que isso. A sugar algumas almas que disseram perdidas, disseminando uma espécie de discórdia entre os entes queridos, cortavam os peitos que, ensanguentados, disponibilizavam um delicioso clamor, vitimado. Uma carne que se corta em pedacinhos e o corpo em nacos, das unhas, cada uma delas, gangrenadas, caía aos passos dados. Esse monstro se mostrando a cada escarnificação em seu hospedeiro. Os sexos, impossibilitados de prazeres, escorriam um pulsar do encontro entre a morte e a importação do gozo derretido em uma ligeira dor costumeira, que doeu tão profundamente que sua ausência é impossível. A peste em formato de monstro aparecida na crua carne, e os afagos de antes dissolveram junto desse corpo a se decompor. Cada alma perdida é um monstro engolido, e cada expressão que foi feita naquele rosto se apagou para o descanso final do moribundo que permanece. No peito a tatuagem que transfigura, feita a contragosto. Cada carne podre é só mais uma no meio de outras e outras. Morrer não é fácil. Pergunta-se, como vai? Sidamo-nos, eu e meu corpo, muito mal a outros olhos.

Luís Capucho

A MÚSICA DO SÁBADO

Poucos fazem como faço
Que estou sempre na beirinha
Daqui pra lá não existe mais fundo
Daqui pra lá não existe meu mundo
Daqui pra lá é o fim
É a maluquice
Eu ando com mamãe na lua cheia, na noite vazia
Uma jovem bicha triste

Mendiga um trocado pra comer biscoito
Penso um pouco
Olhando para o mar, olho para o vazio, olho para mim
Olho pro rapaz sentado esperando

Olho para o fim

Daqui pra lá não existe mais fundo
Daqui pra lá não existe meu mundo
Daqui pra lá é o fim
Vejo calças arriadas no banheiro do Rex
Há pessoas que não ligam para o que dizem
Outras são paranoicas e vigiam o mundo
Quer dizer, a vida fica insuportável

Mesmo assim ninguém quer morrer, eu acho
Um homem aprecia de longe um cachorro de porte soberano
Caminho mais um pouco na beirada onde estou ›

Tomo os remédios e continuo
Da beirada vejo o céu aberto
Passo entre homens inchados e sujos

Sentados no jardim
Ando até minha casa
A música do sábado à noite

Me derrete sozinho na cama

Daqui pra lá não existe mais fundo
Daqui pra lá não existe meu mundo
Daqui pra lá é o fim

João G. Junior

CANÇÃO SILENCIOSA

toque nunca foi peste
nem pode restringir
acesso

penetração determinando
se rápido
ou curto
o vírus

em caso de incêndio
palavras conquistam
direito ao corpo

o vírus
canção silenciosa
ouvida por quem
se permite

Letícia Brito

Tente entender:

Eu tenho 9 amigos que fumam
Eu tenho 12 amigos que bebem coca-cola
Eu tenho 3 amigos que cheiram coca ou cola
Eu tenho 333 amigos LGBTTIQ+
Eu tenho 5 amigos com diabetes
Eu tenho 4 amigos do candomblé
Eu tenho 2 amigos veganos
Eu tenho 6 amigos que usam ayahuasca
Eu tenho 24 amigos que fumam maconha
Eu tenho 18 amigos machistas
Eu tenho 4 amigos vivendo com HIV
Eu tenho 9 amigos que fazem performances nus
Eu tenho 15 amigos que jogam basquete
Eu tenho 8 amigos budistas
Eu tenho 43 amigos poetas
Eu tenho 12 amigos que pensam em suicídio
Eu tenho 89 amigos comunistas

Alguns amigos reúnem mais do que uma das qualidades descritas

Eu abraço todos os meus amigos
Eu amo todos eles
<3

PS: Nenhum desses amigos gosta do Bolsonaro

TENTE
ENTENDER
O QUE
TENTO
DIZER

II

Antonio Cicero

BUQUÊ

para Sérgio Luz

Ó Sérgio, Sérgio, somos ainda
crianças. Nossas almas são novas.
Não chegamos a adquirir antigas
ciências. Dizem o que destroça
de tempos em tempos nossas crenças
são catástrofes, que nos impedem
de amadurecer. Mas quem se lembra
mesmo ou se importa se, ao que parece,
o que nasceu merece morrer?
Desprezar a morte, amar o doce,
o justo, o belo e o saber: esse é
o buquê. Ontem nasceu o mundo.
Amanhã talvez pereça. Hoje
viva o esquecimento e morra o luto.

Publicado originalmente no livro A cidade e os livros, *Rio de Janeiro: Record, 2002.*

Angélica Freitas

CÉLIO NO CÉU, COM TODA A SORTE DE PEDRAS PRECIOSAS

você levou
um policial militar
para a tua casa,
e a farda,
jogada de qualquer jeito
sobre o abajur,
queimou em círculos.
por que me lembro disso
quase trinta anos depois?
porque é engraçado.
a gente ria o tempo todo.
e aquela história
de passar no banheiro
da praça –
um dia eu fui e vi, afinal,
a tua cara de felicidade
ao entrar no recinto –
muito alerta –
você era uma antena –
um olho na interlocutora,
outro no transeunte.
era uma cidade
com tão poucas possibilidades
que toda essa atividade
me parecia fascinante.
aventuras
numa época ›

em que o município
significava
o fim do mundo:
só as tuas.
você ficou,
eu fui embora.
de você, não soube mais nada,
até que me contaram.
quando volto
e passo na frente da tua casa,
um apartamento térreo,
de esquina,
perto do centro,
me pergunto se naquela época
você já sabia,
mas a pergunta é ociosa.
e me lembro
do brilho nos teus olhos.

Rafael Iotti

UM POEMA A LEONILSON

ouço a tua voz como quem ouve
uma confissão anônima, não estou
pronto para te perder, porque você carrega
pela linha da noite um canto de sereia
que é ávido de consolação
Kafka, nosso amigo, aquele que morava
ali na esquina, junto ao seu Altair, disse
que o verdadeiro encanto das sereias não
era o canto e sim o silêncio

às vezes fico a imaginar os teus bocejos
hoje em dia pelo asfalto da rua Augusta
do que se tornou a rua Augusta
penso se ainda sabe jogar xadrez ou se
ainda tira bem-me-quer nas pétalas de
girassol.

um gemido meu às doze horas da noite
no Brasil, cola o teu rosto ao meu
e não por lágrimas, não
mas por aquela tua profecia estranha
que cria uma cicatriz em qualquer um
que chega muito perto de ti

Annita Costa Malufe

em memória de Flávio Império

não queria falar da morte mas ele
se foi há muitos anos e seu
rosto aparece modulado por
aquela tarde em que a minha mãe
me falou o Flávio diz que não fica na
cama não veste a roupa de doente eu
achei que ele estivesse com gripe
eu mesma tive gripe em seguida e me
lembrei disso tomei banho frio me troquei
desde então nunca mais vesti a roupa
de doente minha mãe dizia que ela
também não que
ela subia no salto alto e passava
batom usava o secador de
cabelos eu só faço isso se vou para
algum lugar importante odeio
secador ou então quando estou com
gripe justamente para sentir que vou
a algum lugar importante e me arrumo
subo nos tamancos e me lembro das
folhagens tingidas no tecido o panô pendurado
no quarto da minha mãe ou o quadro
do menino com o mundo que hoje
está na minha casa ou o quadro da mão
gigante com fundo magenta as folhas voando
ao redor em negativo branco e verde e as ›

bananeiras uma coleção de visões
uma família de amigos hoje não sei onde
estão muitos se foram como ele anos 80
cortinas de contas coloridas sinto-me muito
velha e um pouco
triste ela dizia meus amigos estão indo
embora aos poucos mas não me contam sei
que não me contam querem me poupar ele
tinha os cabelos crespos e me pegava
no colo morava numa casa que
ficava longe e tinha um quintal tinha
plantas e um cheiro de terra de casa
com quintal um tom de cor de luz
que meu corpo recupera que ficou
impregnado no meu corpo e às vezes
tento com as palavras pegar são visões
para além do corpo meu corpo dos anos
80 cores tropicais certo psicodelismo
capas de disco cenografia física
eu nas coxias esperando a hora de
voltar para casa a mesa cheia de gente
e a noite esvaindo lenta pela rua sou
uma mulher dos anos 80 cheia de
visões de asfalto de viadutos e luzes
estroboscópicas girando na cabeça

Bruno Cattoni

POEMA PRA ADELAIDE

Se vou aqui falar de HIV
não é para exaltar a camisinha,
ou discutir comportamento.
Nem para medir o tempo,
ou dar espaço ao desabafo.
Se vou falar de HIV
não é para fincar um espantalho
na sementeira do amor,
nem para colher acaso
enquanto se espera o destino.
Se for falar de prevenção e cura,
de sobrevida e qualidade dela,
é tanta coisa que posso esquecer
de cantar e de falar de amor
do qual sou um portador positivo
imunizado contra a indiferença.
Deve partir não só deste nicho
a luta pela vida, com saúde pra todos.
Que não violem os direitos,
não proíbam as diferenças,
remediem as desigualdades.
Que não violentem crianças.
Que não maltratem os velhos.
Que não surrem as mulheres.
Não expurguem, não expulsem,
não excluam, não esmaguem,
mas acolham as escolhas

›

e afaguem as folhas que caem.
Pode partir de todos os ninhos,
e voltar para eles livremente,
quem conduz a liberdade.
Se vou falar de HIV
que haja palavras que escutam
para cada um que sofre
o pesadelo do abandono.
Não me ouçam falar de um vírus
quando quero dizer pra vocês
que sobrevivi à vida
em meio a um turbilhão de amores.
Se é símbolo? Sim – Eco e Narciso.
Fim e recomeço – Eros e Tânatos.
Se motivação para a caridade cristã,
metáfora do não do mundo,
ou despedida sem aviso prévio.
(longevo é quem vê o amanhã)...
Importa não fazer escândalo
porque todos estamos sujeitos à dor,
sujeitos à liberdade, cedo ou tarde,
suspeitos de desejar e de conceder.
Enorme é a vontade do encontro.
Lá no fundo é para o outro que vivo
embora vocês me vejam contente
só por seguir no meu caminho.
Nem mais de HIV estou falando,
de seus estigmas mesquinhos,
ou do que a gente sente com aids...
Só queria dizer que te amo, Adelaide!

Diego Moraes

JÁ SE PASSARAM DEZ ANOS

Acabou a bateria do relógio que você me presenteou no natal que seu tio ficou bêbado de vinho dom bosco e disse na frente dos filhos e da esposa que era gay e viveria com uma travesti búlgara em Londres.

Já se passaram dez anos

Os poemas que escrevi quando gozava nos teus peitos de atriz da nouvelle vague incorporada de pombagira amarelaram como sífilis na fruteira.

Já se passaram dez anos

A dona Gerusa que te vendia maconha morreu de AIDS na penitenciária e o cachorro sem nome que adotamos morreu atropelado por um táxi.

Já se passaram dez anos

Hebe morreu. Michael Jackson morreu. Roberto Piva morreu. James Gandolfini morreu. Manoel de Barros morreu.

Já se passaram dez anos

Mas o cheiro da sua boceta ainda está impregnado no quarto, no guarda-roupa, na cozinha, na varanda, nas estrelas.

Fabrício Corsaletti

PARA UM (QUASE) AMIGO SOROPOSITIVO

não tenho o direito de escrever o seu nome
neste poema escrito às pressas
porque não chegamos a nos tornar amigos
como os primeiros encontros sugeriram

o que mais me agradava –
a inteligência direta, livre de ironia

era o que uma alma atormentada
que não se orgulha do próprio tormento
chamaria de uma boa pessoa

morreu de pneumonia aos 52 ou 53

quando minha mulher me deu a notícia
eu viajava, a trabalho, num trem de luxo
que cortava o sudeste do Peru
sacolejando de alegria e indiferença

lembro que bebi uma taça
de espumante e depois mais duas
pensando nos seus óculos sempre sujos

e por um instante
enquanto admirava uma *chola*
tocar em silêncio dois burrinhos peludos
eu tive a ilusão de escutar a sua voz

Lúcia Bettencourt

INVENTÁRIO DE JOÃO

à Yasmim, alma do João

Vejo você naufragando
Num mar incompreensível.
Vai bem fundo o seu corpo,
Seus pés atingem o lodo
E os caules da loucura,
Já o cercam, já o calam,
E se enraízam na pele
Abrindo sulcos,
Desenhando mapas,
Extraindo-lhe o sangue,
Injetando-lhe a febre.

Vejo você caminhar
Até a beira do abismo,
E dali mergulhar,
Na vertigem.
Nuvens, nuvens, nuvens,
O peso do corpo que se enovela
E vira pedra, vira sol e abrasa
O vento que perde as asas
E tomba, tomba, na tumba.

Vejo a terra que se rasga em silêncio
Amaciada pelo trabalho de mil raízes.
As sementes desabrocham o medo. ›

As sementes mentem, negam a vida.
As árvores são espinhos e penetram
Seu rosto, onde não medra o riso.
O seu corpo é agulha e me rasga as veias,
E sangro, sangro, sagro,
Sem entender o rito.

Danço com a morte,
Essa morte que não é a minha
A morte a qual você não pertence.
Minhas mãos se estendem raivosamente,
Agarro seus cabelos.
Minhas unhas rasgam
O nada.

A morte vem servida no cristal mais fino.
A morte é uma taça de vinho, cor de sangue.
A morte se derrama sobre a cama
Onde um dia o gozo foi o grão-senhor.

O vinho é doce.
A sede, insaciável.
No jardim do Éden,
O fruto encapado em veludo
Faz lembrar o calor de
Um leito, leito, leite.

Fatal e indiferente
A morte se alastra
E eu o vejo
Bebendo um brinde a ela,
Mergulhando na dormência ›

Enlouquecendo no cais
No caos da despedida,
Salvando, enfim, do ódio
O que meus dedos resgataram
Do abismo.

Como um afogado
Você se agarra nestas palavras.
Sopros, sopros, sopros…

Não.
A morte não vence a palavra.
Negue o tempo.

Tente entender.
Se eu digo seu nome,
Nego seu fim.

Guilherme Ramos

EXANGUE

Heitor Ignorou Vários
humores duvidosos
(puro preconceito),
– Viado! – como saudação
(isso não tinha jeito),
coisa de gente sem coração.
Mas ele não tinha medo.
Seguia. Vivia. Sorria.
Dia e noite, desde cedo.

Heitor Intrigou Vários
pretos,
brancos,
amarelos,
vermelhos,
azuis.
Não sucumbiu ao preconceito
que lhe rasgava a alma,
feito os três pregos a Jesus.

Heitor Insistiu Vivaz:
foi à igreja, ao médico,
percorreu o mundo inteiro
para entender-se e entender:
não era um vírus que o matava (mas...)
Homofobia.
Ignorância.

›

Violência.
Eram pessoas. De sua convivência.

(Às vezes de seu próprio sangue.)

Mauricio Duarte

O RISO DE DEMÓCRITO

meu vizinho está ali
novamente sorri com todos
os músculos e nervos de seu corpo
sorri de nós que o achamos louco
sorri com a superioridade de Demócrito

os alertas sussurrados à época
rachavam as paredes
das casas geminadas: fique longe
não chegue perto é contagioso

como será ter o inimigo dentro de si?
como será ser o inimigo de si mesmo?
a raiva primeiro, o descontrole?

Demócrito sorri no escuro
diante de uma inesperada ternura
por ter tão perto um inimigo
onde escorar o cansaço

Viviane Mosé

PRA ELES NÃO DEU

aos meus amigos, queridos.

Éramos nus
Na década de oitenta.
A liberdade se impunha.

Corpos expostos,
Almas compartilhadas
Cabeças.

Olhos famintos de mundo.
Mas veio a peste:

No umbigo da busca
No plexo
O osso duro de roer
A morte
A nos ceifar pelo sexo.

Saint Claire foi o primeiro
A desaparecer.
Tião Sá foi o segundo
A ser consumido
Por aquela foice esquisita.

Depois foi Cristina
A perder corpo

›

Pouco a pouco
Até tombar de dor
Na madrugada.

E eu nem estava.

Nunca pude esquecer
Seus gestos mínimos
Sua delicadeza.

Nem fui capaz de apagar
Os olhos de Tião, na praia
Me dizendo, cara
Agora foi comigo.

Pouco depois ninguém mais
Morria.
Mas pra eles não deu tempo.
Pra eles não deu.

Bruno Molinero

BETO

na única vez em que visitei
beto
ele me aguardava em uma
cadeira
de praia no centro da sala
segurando
um pedaço do fêmur em pote
de geleia
cheio de álcool, osso e formol

naquele dia, poderíamos ter conversado sobre o seu primeiro amor e como os dois mergulhavam em tecos de pó, ouvindo cabeça dinossauro dos titãs, sempre as mesmas faixas, que também tocavam no último volume anos depois, nas festas em que beto passou a ir só para espalhar aquela porra, como fizeram comigo, ele gritaria, convicto ao se multiplicar em progressões geométricas e carimbar corpos e línguas e peles molengas que se misturavam até de manhã no apartamento de alguém, onde ele acenderia um cigarro na janela, lembrando o dia em que viajou para a praia com a mãe e recusou o ombro dela, sentados de frente para o mar, o resultado do exame entre os dois, ela liquefeita, ele sem derramar uma lágrima, como se tivesse um corpo formado por bilhões de grãos de areia, secos, incapazes de encharcar ou de aceitar um simples abraço, nem mesmo no dia em que foi internado pela primeira vez ou quando acordou com uma mulher toda de branco passando óleo de amêndoas em seus pés, e pensei que era um anjo, comentaria para mim, mas logo viu que era a enfermeira do hospital, a mesma que trouxe a notícia: você está tomando novos comprimidos e, se tudo der certo, logo vai para casa, como de fato aconteceu e onde beto voltou a ocupar o quarto que tinha sido seu até a adolescência, uma volta às origens e o início dos efeitos colaterais, do câncer nos ossos da perna, motivo pelo qual perdi a cabeça do fêmur, esta mesma, que está neste potinho há vinte anos, um troféu da sobrevivência e da teimosia, não é qualquer coisa que me derruba, ele diria sentado na cadeira de praia, a faca nos dentes, vestindo a capa do herói que gostamos de ver em reportagens na tv, suando e babando superação e força de vontade

não
naquele dia, beto falou apenas que as
pessoas
são como ossos arrancados da carne
:
pontiagudas, ásperas, poligonares por
fora
mas moles e porosas se cortadas ao
meio

Bayard Tonelli

vivíamos em tempos de liberdade sexual, paz e amor
em pleno regime militar
aceitavam nosso desbunde como forma de nos afastar do
[comunismo mundial
sem entender a busca dos canais da percepção e de novas
[sensibilidades
à procura da transformação para construirmos um novo mundo
nas artes nos manifestávamos
quando começamos a nos sentir arautos do novo milênio
ela surgiu como uma maldição!
vinda da áfrica? criada em laboratórios? ou um castigo divino?
nem seu nome sabíamos
nos questionando, confundindo e levando ao desespero
abrindo portas reacionárias e fascistas
a discriminação levando ao gueto inesperado, marginalizando
todos assustados com esse horror assassino
artistas, pensadores, pessoas comuns
gays, homens, mulheres e crianças
todos definhando, sofrendo, vegetando até a morte
a medicina se debatendo na urgência de tentar salvar vidas
encontrar um resquício de esperança
nos restava acompanhar, acalentar e acarinhar até o fim
ao tomarmos noção do poder de destruição deste vírus, nos
parecia que o apocalipse tinha chegado com suas bestas
a aids era a ceifadora e o centro de nossas vidas
mas os médicos, cientistas e pesquisadores começaram a apontar
[possibilidades ›

enquanto tantos morriam, os primeiros sobreviventes se
[apresentavam
no acompanhamento do processo crescemos como seres humanos
amor e compaixão se encontravam
novas possibilidades e remédios em tratamentos alternativos traziam
a esperança de volta em conta-gotas
tempo de nos perguntarmos: por que não eu?
e a aids começou a ser controlada
crianças saudáveis de mães positivas
pessoas contaminadas que passaram a não apresentar registro do
[vírus
e a aids começou a ser controlada
mas outros vírus assassinos começavam a aparecer
nessa luta inglória, a humanidade sobrevive e cria anticorpos
e a ciência novas vacinas e remédios
o homem tão perecível e mortal leva a sobrevivência como missão
a vida sempre vence e a morte
só um ponto final da viagem na terra
ao aprender, evoluir e aceitar a temporalidade
viveremos plenos e conscientes do caminho a ser construído
superando provas e surpresas
que virão

Thiago Ponce de Moraes

DO AMOR

para o meu avô
José Carlos Lopes Ponce
in memoriam

existe
isso
que te torna mais vivo
isso
que te torna mais dentro e mais febre
isso
que te acelera e dispersa o abrigo
e te fere e te turva
e te fisga
então
fera
arisco
e desperto entre as coisas
que tecem seus riscos
na vida
acendes em cada sentido
um maquinário
íntimo de vibrações
sobre o visco silente
de todo toque
que aqui se invente
fluido infinito no horizonte
disso

›

e por
isso
sentes
pressentes
a saliva a seiva
a carne abstrata
do presente
animal à espreita
no coração
à espera
do sumo absurdo
dos sussurros
do ciclo secreto
das trocas
rubro líquido
pulsando
pulsando

Elisa Lucinda

CARTA A QUEM NÃO VEREI

para Maria Cristina

Aos poucos avisto a asa da morte.
Sobre o quarto ela bate sua razão forte.
É de tarde.
Irmãs perambulam entre remédios, poções, mandingas.
Será inútil.
Sei que recebi uma sentença de morte.
Estamos em 1995.
Fiquei omitindo a bomba-relógio,
fiquei fugindo e me escondendo de vocês.
É de tarde, é triste, e é chegada a minha vez.
Vem o crepúsculo pela janela e com ele a febre descortês.
Sou a mulher que fazia amor sem preservativos,
por que o parceiro era meu marido.
Temendo que soubessem de sua bissexualidade,
o seu amor por mim virou maldade,
e nossa alegria meu fim.
Uma irmã chora no canto escondida de mim,
a outra faz sopas,
mas minha baixa imunidade fez carne viva de minha garganta.
Não adianta.
Não nasci ainda no tempo da cura.
Quem me olha tem amor e pena,
ainda não entende e me oferece essa mistura.
Cada vez mais magra, minha existência reduzida
esqueletiza os sonhos, inviabiliza minhas medidas.
Quem sou eu agora? Que corpo componho? ›

O que saberá de mim o filho que não terei?
O que falarão de mim por causa da causa da qual morrerei?
Não serei mais aquela exímia médica,
digna, impecável, competente?
Não mais serei?
Me lembro daqueles olhares sobre mim
no dia do diagnóstico dentro hospital.
A humanidade aponta a doente como se não prestasse
e por isso merecesse o mal.
Minha irmã, artista, conta piada à beira da cama.
Quer me fazer rir.
A outra, psicanalista, me prepara saborosos caldos e conta histórias
[da infância.
Quer me fazer dormir.
Faltam sete dias para minha morte,
a me ver assim perdendo tão jovem a luta da vida
meu pai preferiria não existir.
Se ele fosse Deus inventava uma saída.
Agora já é noite.
Quem me contaminou não vem se despedir.
Já não é mais amor.
Abateu-se sobre ele um venenoso sadismo
e diante do meu espelho de dor,
passou ele a me agredir.
Pra quem está à beira da morte,
o que é permitido pedir?
Talvez eu tenha sido forte,
talvez eu tenha tido a sorte de servir.
Pois sou um exemplo para vocês que virão depois de mim,
para as mulheres que se calaram quando desconfiaram da vida
[dupla de seus parceiros
com seus encontros em públicos banheiros,
e não poderiam reagir se eu não tivesse virado estatística, ›

se eu não rompesse com a machista mística
de aceitar ser do homem o que ele preferir.
Morro por um novo tempo,
esse que vai prosseguir e trará um novo alento:
Pessoas variadas de identidade de gêneros não precisarão mais se
[omitir.
Morro para que haja um tempo onde não se tenha que mentir
sobre com quem se quer realmente transar, ficar, curtir.
Quem me assassina hoje não é só o atraso da ciência.
Não.
Quem ceifa minha vida e a toma de minha mão é também o
[preconceito,
uma falta de jeito de amar as pessoas como elas são.
Meu algoz era meu amor, meu amante,
que achou que não era tão importante que eu soubesse a verdade
e sobre meu destino pudesse decidir.
Agora, já vai o dia embora, na hora em que a febre retorna,
só o delírio me sobra, e não tenho mais porvir.
No entanto, estou calma.
Diminuo, me recolho,
sou uma mulher de olho no que significa o entorno da história do
[meu sofrer.
Você que está me ouvindo agora,
e deve ao futuro pertencer,
desfrute das prevenções
e das coisas do saber.
Porque eu morro hoje
para amanhã você não morrer.

III

Italomori

O GRANDE MEDO

logo na hora do McDonald's
gânglios implodiram-lhe o pescoço
grossos como cordas, lajes
pendentes, feito açougue –
carne estraçalhada, e apodrecida

– AVENIDA HIPOTRÉLICA –

seus altos prédios escalavrados
os –
demasiadamente humanos
demasiadamente humanos
contra o ceú, decepado

– Cães,
carregai a legenda Italo para o meio das ruas,
fazei retinir em cantos escusos o mito Italo.

os
demasiadamente humanos,
vou, de boca em boca,

despedaçado como as calçadas da cidade decadente,
alimentando a boataria,
inspirando jovens visionários

passado jamais existido ›

sem mais leitores
carne podre
úlceras no cu
logo na hora do McDonald's

(1985)

Originalmente publicado com o título "(Notícia da Aids)" no livro Quase sertão: poesia, *Rio de Janeiro: Diadorim, 1996.*

CLEARLY NON-GLOSSY
(Carta para Caio F.)

Comer e dar, dar e comer, comer e dar, aos pombos, aos porcos, mergulhar em cocô. Aquele cheiro incomodava, eu ainda não sabia que vinha e logo de onde. Vingança do tipo de anjo. Quando nasci uns banjos galopantes disseram, a vida é brutal, sabia? Quero delicadeza.
Preciso comer. Preciso tomar as pílulas. Vou comer. Você não vai comer. Você vai ingerir as pílulas. Com bastante água. Preciso comer. Vou delirar. A boca pela tua pele até perder. Tudo. Não quis deixar nada. O peixe morre pela boca.
Nada deixar. Nada. Cascatas de secreção tatuam a pele triste. Tatu. Lhe dei leitinho. Deixa. Jorros. Vindos do ventre besta desativar o credo em cruz, credo. Fica. Deixa. Desitalianizar-se. Deixa tudo. Desamericanizar-se, desbrasileirar geral. Não fica. Não volta.

Originalmente publicado em História do peixe, *Rio de Janeiro: Moby Dick, 2011.*

QUEM

Você me deu vida, como um vício,
como a última prise descrita
naquele poeta antigo
que nunca desesperou.
Agora o dia se organiza quase espontâneo
para o trabalho.
Até o sexo tem sua lavra.
Se te dei um vírus,
terá sido dente por dente,
um dia na vida por um vírus.
Vampiros de vitríolo

nos vidros vidrilhos brilhantes da calçada
direto na veia, olhou, foi você mesmo
quem escolheu? chá das cinco merece
quem labuta, quem
perfura o outro com olhar-adaga,
guerreiro atrás do undécimo embate, puro gasto.
A transmissão, a transformação, a transmigração
dos corpos, despossuídos agora, já.

Seríamos então, por trás da veneziana,
vampiros farmacológicos, e nosso rito
o escambo excitado de enzimas venosas.

Mas quem poderá jamais alienar
a memória rombuda do teu, nosso
desejo – imperial fascista alegre
preparado de anjos inausteros
augustos em suspensão, a levitar calçada.

Amara Moira

PELA DÉCIMA VEZ

Confia em mim, sou casado,
doador de sangue e, por deus,
primeira trava com que eu
saio é você, olha o estado
em que ele fica, babado:
te dou mais dez, nem assim?
Você tem cara que fez
teste, o meu deu nem um mês;
aliança e tudo, eu sou, sim,
casado, ó, confia em mim.

Armando Freitas Filho

CEGO AMOR

O rigor do amor
tem dois gumes.
Um com a nua faca
sem nenhum cuidado.
Outro na bainha
é pura carícia.
Os dois são incontidos:
o primeiro tem a mesma
sede de viver que o outro.
Como no escuro dos corpos
na pressa da paixão
saber o risco, o corte dos dois?

Amor pelo mesmo suor
e mesmos cabelos
pelos
membros iguais
de corpos que partem parelhos
mas não reproduzem
nem imaginam
ninguém além no desejo
idênticos no calor
e deixando na água
a mesma marca de sal.

Mariano Marovatto

O CORPO

*

O corpo alarga uma metáfora política.
Não é república ou infalível.

Tentativa única,
o corpo carrega o fado comum do poema:
extravio e luta.

Fortaleza e catástrofe.

*

O corpo opera o outono. Fruto maduro, baga desfeita.
O signo da espreita.
A morte da espera.

O presente da queda.

Amora Pêra

AMOR CONTÁGIO

não tinha 30 anos minha mãe
quando desandou a lista de apelidos.
os seus sumidos;
um lume codinome legume
estrela negra teria
engolido uma banana podre dizia.
o riso aberto bailarino de quatro;
anfitriões de liberdade nua quase escrete.
o risco corpo das coragens
suas graças de família e petisco.
contentes na carne. cupidez pura.
amores sem fronteira no beijo no gesto no gênero
misteriosamente feridos;
ganharam cor dolorida e afrouxou-se a musculatura.

doutro lado do mar condenado um continente
crente
que o tato não se empresta à toa ao corpo
que nada atente contra o domínio gume
gente por dentro só pra semente;
junto à fome, clavículas à vista
ossatura estanque.
daí uma fé
te desprotege
te mente herege
e te arrisca os filhos doentes? ›

sexo sem saída!
alarma o cão pastor
late o coração de suas oito mulheres
seus timos materializam uma dor
tonteia o tino.

mas eu vi:
um menino se fez cura
e mutou tudo.
era eu menina e lembro
do medo,
do meu medo
e dos olhos grandes do medo
na mãe que se lhe emprestou.

Rodrigo ZEROU.

SEU MAIOR SIM NUMA NEGATIVA.

lembra a força da cor sangue quando num exame o desmame
das medicinas,
lembra a lágrima alegria quando desmarcada a hora da partida,
e entre a vida e a rima

a primeira ganhou?

a minha lista que soma a de minha mãe
tem hoje outros nomes
sem apelido nem segredo
são soro em todo sentido

positivos
e vivos

de pulso e impulso

e vão sem medo.

Botika

Estagnado no trânsito estive em todos os carros ali
No avião arremetemos juntos engolindo o mesmo suspiro
No torpe transe do culto éramos bispos e fiéis
Acoplado em grãos de areia fui multidão e oceano
Banhados pela luz solar

Não parei de estar e sigo

Articulando os membros de um corpo só
Possível nos inevitáveis corpos tantos
Anfitrião e convidado da mesma festa
Agente reagente do fluxo por onde as frequências

Todas

Se trançam
Se debatem
Se destroem
E se refazem

Estou lúcido e são no turbilhão confuso da ciranda
Desarmo meu pranto e meu sorriso
Na cova de qualquer bochecha
Minha juba veste todo couro cabeludo
Poros alheios sustentando os pelos que desaguam em suor

Estou em todos
Estamos pulso

Mutirão de si mesmo mirando as direções
Quem respira o mesmo ar compartilha o mesmo sangue
Nada mais fazemos que carregar o mesmo sangue

O trânsito flui
Estou em todos os carros que se deslocam

Carolina Turboli

POSITIVO

I

Certo dia, talvez
há anos, recebi uma carta
curta e sincera
de laboratório.
Não era de um amigo
não era uma carta de amor
mas era um sim não como
aqueles que se dizem na igreja e no cartório
era um sim reto e seco
quase sozinho
naquela carta quase
telegrama.

II

A carta me olhou "você se lembra?" e
as escuridões do meu templo
disseram que sim.
Freya era aquela mulher
que todos se lembram
cantava como lavadeira
que lava a alma e na manhã
seguinte lavará de novo
até não mais poder.
"O seu real não me serve

›

mais" ela me disse
enquanto eu chorava
ainda o talvez.
Não houve canto
nenhum quando
o não soou.

III

Você pode ferir o corpo
mas não o tambor de dentro.
Este está fora do mapa
e desconhece amor que dói.
O mais são xingamentos,
flechas, caras de doença
e uma foto minha no facebook
onde os outros dejetam
seus preceitos.
O beijo que escarra
eu guardo num retrato
trancado no porão.

IV

É fácil mas não há nenhum
trabalho que não o real.
Por que eu ficaria furioso?
As pessoas não sabem (são tão
estúpidas, as pessoas), ser sempre
o mesmo e um outro é viver
com mais do que preciso
eu quero direito o corpo já não ›

mais aprisionado e eu juro
por deus que é maravilhoso
viver. Não sou um mantra
medroso duro enquanto
vivo sem dramas além das dores:
parto como
o teu.

V

Veria Freya de novo
sem tanto medo do não
sem tanto medo do sim.
E mais uma vez se fosse
pouco (sempre é pouco).
A vida cobra um preço:
entre o machado e o sândalo
fico com a coragem
que é mais em conta
(e peço mais um pouco quando for
preciso).

Silvino

OLHOS AMARELOS

Dos meus olhos amarelos eu que sei
Não há vergonha em tudo isso que sou
Agora ainda há sonhos
Nesta estrada eu vou pisar com toda a história que calaram

Neste velho armário novo eu não vou entrar
Parcelado em dias de aflição
Não me perguntaram se eu queria ir
Só me apontaram a direção
Do segredo, da vergonha e do medo de ser assim: positivo!

Dos meus sonhos reescritos eu que sei
Trago na boca cada canção que mudou
Quem luta mostra os dentes e minha alma eu vou lavar
Com a força do meu canto

Heyk Pimenta

"TENTE PASSAR PELO QUE ESTOU PASSANDO"

esse verniz
delicado

é deslizamento de terra
e sacerdócio

por isso os tecidos frescos

para mexer o café do futuro e
repartir o pão dos pássaros

nossa granada sem pino

enquanto apuramos os números do congresso
e esperamos na fila do

cinema

nosso olá como vai
eu vou indo e você

e seu cuidado
em terminar a cápsula

que nos mandará para fora da chaga

enquanto atiram e por isso atiram

mas já estamos perto da estação

lembra quando disse
que já éramos heróis

porque alimentávamos
o cachorro
com a vida que tínhamos
e nenhuma planta morria?

agora nos vejo mais como garçons
trabalhando num pedaço novo da cabeça
ganhando bem
jogando fora o adoçante
e ensinando como se come com a mão

Henrique Ludgério

A LÍNGUA ÁSPERA DOS GATOS

I

você não vê pra onde isso corre?
por dentro sonhamos com eternos encontros e
a capacidade do abismo
eu completo como uma frase:
é assim que meu corpo reside.

meu corpo é meu
único sufoco e tambem minha única saída.
inventaram um jeito de iludir os homens
e toda vez que eu amo eu tenho medo.
caio fernando abreu
caindo sobre a minha cabeça,
o destemido amor, a palavra, o sorriso de pedra

uma coisa que inventaram como estranha
mas todo mundo a tem.

ser assim,
e somos,
é como ter capacidade de regozijo:
uma coisa que inventaram como estranha,
mas todo mundo a tem.

II

eu desço até o inferno
para me livrar das invenções que me amarram
o inferno foi um lugar em que primeiro me colocaram
e no qual depois eu me coloquei
logo agora
na derrocada desse milênio desastroso,
preocupado,
simples,
ingenuamente poderoso, crescendo com ervas daninhas
eles e eu estamos prontos.
mesmo que os outros daquele inferno tenham tentado:
a culpa cristã é uma arma psicológica;
o hiv é uma arma biológica.
era.
na ficção científica que vivemos agora
somos hospedeiros preocupados, fortes e alimentamos tudo por
[dentro
tememos mesmo perder a liberdade
a aventura
tudo como uma vontade de não pagar impostos
você ainda não viu que somos todos iguais
e por isso agora mesmo temos tudo isso dentro
sem ter ou não
o medo é a coisa mais comum
e também se transmite.
e tomamos como que conscientes um remédio que
salve mesmo as nossas cabeças
porque nosso corpo ›

há muito
os outros já não querem que nos pertença.

ouvindo "Americanos" de Caetano Veloso.

Bobby Baq

Uma pessoa cava o poço.
O poço cava uma pessoa.
Em ambos o vazio
da mesma líquida
lagoa.

Uma pessoa se molha de chuva.
A chuva se encharca de uma pessoa.
Em ambas o odor
da mesma líquida
garoa.

Uma pessoa termina o começo.
O começo termina em outra pessoa.

Em todas o fluido
Navegar

Isadora Bellavinha

O vírus assola
O vírus espalha
O vírus resiste

Meu corpo aberto, entrecortado – é corpo triste?

Respiro um ar branco calado no fundo do abismo
meu peito organismo
Encaro esse estranho de lado, me cansa, me arde,
me vira o juízo
O vírus me come as entranhas vestido de preto
me arranca do riso
A tripa comida se exalta, revolta e assalta
a tripa do vírus

A tripa devora
A tripa se arma
A tripa insiste
A alma aperta, entrelaçada – no que ela consiste?

O vírus se despe
O vírus se acha
O vírus persiste

Tatiana Nascimento

NAIRÓBI:

#1
passa, se não: fica. se ficar, consome.
passa, se não: morre. (mas) se não mata, some?
sonha mais comida, menos homem...
mas se deitam pra sonhar num come.

#2
cientistas e suas pipetas alegam a busca da cura.
a ampulheta titânica dos seus congressos, internacionais,
lembra nada da dureza das vidas que invadem, coloniais. na
mídia o continente-mãe ganha medidas más y más

zoologicais (im-

perialistas!, todos eles, imperialistas!) en-

quanto os dias delas escorrem
segredos de sêmen y sangue, seguem

ofício antigo demais pra qualquer
direito trabalhista

João Maria Cícero

eu quero um corpo que não sofra
que não sobre
que não falte
que não infecte outros
que não sinta falta
que não rejeite
que não possa rejeitar

eu quero um corpo desfeminilizado desmasculinizado
[descaracterizado desarticulado
um corpo que não tenha norma forma nem forma

um corpo
que não precise ser presidente
que não precise de presidente

um corpo que não conheça a palavra liberdade porque livre é
[condição sine qua non

um corpo que não seja limitado a um corpo
um corpo ilimitado

um corpo
em itálico em negrito sublinhado traçado articulado

logicamente um corpo ilógico que não faça sentido porque não há
[sentido só sentidos

um corpo que respeite sexos sexualidades e sex shops

um corpo
que se complete em outros corpos e outras atividades outras
[formas e outras desidentidades

um corpo
amédico afarmacológico aterapêutico

Originalmente publicado no livro Corpo(s)*, São Paulo: Giostri Editora, 2016.*

Letícia Novaes

QUAL-VAI-SER

só crio caso
só machuco a mão direita
só sei 6 pratos
só volto por essa rua
só faço aquela voz quando vejo rato
só choro no banho
só viajo desse lado
só bebo meia garrafa
só gosto desse jeito
só implico com aquela ex
só sei piada boba
só acredito em vinagre
só seco no varal
só durmo de lado
só prometo quando me arrependo
só recebo de olhos fechados
só acredito sentindo
só cago pela manhã
só mergulho depois da proteção
só respiro pela boca
só adoeço na cabeça
só tomo remédio colorido
só gozo quando viro
só rego as plantas de noite
só faço ovo mexido
só gargalho com o jim carrey
só descobri que a gente tem 6 litros de sangue no corpo outro dia
só rezo na hora do diagnóstico

Bruce de Araujo

UM AGORA

Você me questiona da não transsa
faz tempo de juntos
e nada de passar da boca
eu embromando
inventando desculpas
fugindo quando me aparecia nua
você de início paciente
hoje com o desejo já tão latente
e eu não consigo dizer
não encontro maneira
impulso, coragem
tenho medo que ao saber da verdade
você se aparte de mim
termine com tudo e vá-se embora
e seja o fim da nossa aurora
mas não encontro um agora
pra te dizer tudo tim-tim por tim-tim
e depois, talvez, quem sabe, enfim
você me diga que eu sou lindo assim
e eu sorria
e você me beije e diga:
– Pega a camisinha e mete em mim.

Marcelo Reis de Mello

90'S

I
quando eu era criança era o homem do saco
depois cresci e era o noia da seringa
que no semáforo atacava donas de casa distraídas do horror
verrugas orais, bolhas de febre, leucoplasia pilosa, sangramento gengival
eis uma forma de encarar a passagem do tempo
uma mudança de paradigma
de uma longa temporada em cativeiro
a uma picada breve

II
nos anos 90 descobríamos o sexo na farmácia
quem perdia a vergonha de pedir Jontex Blowtex Olla
(farmacêuticas são sempre tesudas e intimidadoras)
descobria que o cheiro do látex e o cheiro do sêmen se misturam
para sempre

III
hoje chamam carne de proteína
pão de carboidrato
picolé de paleta
e trepa-se com uma advertência
do Ministério da Saúde colada no cóccix
(exceto em festas do carimbo
e nos filmes do Tinto Brass)

IV
dizem que foi Cleópatra
(e não Annabel Chong)
quem inventou o gang bang

V
os xvideos têm mais categorias
que a ciência da literatura
mas é politicamente correto
não saber

VI
sida é a nova clamídia
antirretrovirais são os novos hi-fis

VII
apaixonamo-nos pelo Facebook
encontramo-nos pelo Tinder
desencontramo-nos pela casa

VIII
e, por um segundo, mergulhados em nossa catástrofe, todos nos
[olhamos nos olhos.

Dimitri BR

SEXO É POP

o corpo quer / a alma entende
(Renato Russo)

sexo é pop
sexo é música
pop brega rastaquera
todo mundo gosta
todo mundo canta
até quem tem vergonha
dança desde criança
todo mundo sabe
todo mundo quer saber
de onde vêm os bebês
mas isso ninguém ensina
todo mundo aprende só
na rádio, na tv, na internet
atrás do muro da escola
todo mundo faz
todo mundo joga bola

sexo é pop
sexo é saúde
risco de vida é gravidez
vida após pequena morte
(que é orgasmo em francês)
todo mundo morre um dia
e todo mundo nasce uma vez

sexo é pop
sexo é bom
uh-uh-uh já sei namorar
pecado é lhe deixar de molho
errado é não me dar cuidado
será que vamos ter que responder
pelos erros a mais
de quem nos nega até conselho?
quem é que vai nos proteger
senão eu e você
meu bem?

sexo é pop
sexo é som
sexo sim
sexo vem

Pedro Dziedzinski Rocha

mergulharei entre veias
minúsculo
de vitória provavelmente minúscula
somos dois, ainda que românticos sobre as mesas
de um mundo todo provem-nos o contrário
mergulharei entre tubulações
positivas
beberei dos tônicos para diminuir tamanhos
me enfiarei sob os teus músculos
chutando glóbulos e linhagens – peço desculpas
a dor
que de verdade sentes
não hei de descalçar os sapatos
mergulharei de coturnos à mostra, esvaindo a cegueira
o olho nu cortou-se desapercebido
e me importa – como a vida, um dia
tornar à visibilidade
lhe cravar no fim a bandeira
imunológica – trêmula de que te amo.

Rafael Zacca

CORPO QUE FODE ANTISSOPOROSO TODO LACRADO COM BORRACHA

E, com látex, latejando late,
mastiga com a boca o preto da noite,
pois vivemos, tu e eu, desvairados,
mamando a pelanca que nos sobra hoje.

Agora que não é só pele o amor,
e é mais poroso o amor assim lacrado,
mais que a pele das mamas, mais poroso
ainda que a pele da noite, e amarga

o látex latejando na pélvis
(dentro vai moendo a boca mamífera),
e é mais fibroso que a moenda alérgica
de lábio e prega que a borracha míngua,

um corpo fode e late mais poroso
que borracha lacrando uma cabeça
de pau, que fode e late sem do soro
ser guarda, nem memória ou mesmo presa.

João Pedro Innecco

SEM CAPA

gatilho-máquina
        corpo
esse, meu
matéria vácuo e fato
                        peso que pulso
                        pulso que pesa
isso tudo e só isso:
universo em crise
tensão acumulada
existir sem chão

(todos os litros que eu sou escoam)

o limite da goma do gomo da trama na cama esse limite não
tem dono nem dona não tem cano nem cona não há estruturas
cálculos não há curvas desafios oráculos não há velejo nem tiros
nem mesmo espátulas não há microscópios não há microescapes
a vida não tem manual só tem tique-taques
a existência é em si os bugalhos da nossa cabeça de árvore que
acha que
a existência me bate à porta com merdas e hortas parece que não
tem nada a ver
mas aprendi que é por linhas tortas que se escreve a vida
dú
    vidas
dí
a mão lhe batendo a porta ›

culpa cristã
nojo
reprovação

concentrados na aorta
um,
dois afetos ou afagos:
na cabeça pregos
        desencaixados
eu fico assim
                feito caixa
sem chão sem lados

Maria Rezende

O amor nos tempos do cólera

O amor de coleira
amor livre mas não despido
nu de meias
o amor de capa de chuva

Amor que cuida
de si
do outro
da humanidade
amor sem temor
mas sem ingenuidade

Amor sem ilusão
amor de verdade
com força fé látex coragem

Amor que permanece
que atravessa as idades
amor que cura

Mucosa com mucosa
agora é só pra quem
mais do que duro
dura

Alessandro Sbampato

AORTA

tudo que eu disse que te dava
eu te daria:
amores de calmaria
desejos de todo dia
tudo o que mais me valia

tanta sabedoria
que a gente ainda não sabia
tanta teoria
tanta práxis
tanta magia:
integrais e derivadas
umbanda e filosofia
métricas de poesia
países da oceania
astronomia
espeleologia
calorimetria

quantos segundos
tem um dia?

tanta beleza
que eu via
tanta coisa
que eu não tenho
e que eu queria

›

tanta alegria
que me contagia

na junção da minha e da tua aorta
o que menos importa
é a sorologia

Bruno Couto

DE SEGUNDA PRA QUINTA

Fui largado na terça,
chorei.
Na quarta entrei em luto,
Mas na quinta recebi um abraço.
E nada ficou no lugar.

Me desintoxiquei de você
como quem enfia uma faca
no antebraço
e desce a veia rasgando até o pulso
para tirar o veneno.

Com os remédios do HIV
tive sonhos vívidos de tudo
que não enfrentei na vida:
    tive que esvaziar as gavetas
    embutidas da cama quando minha
    mãe me expulsou de casa.

    – É pesado ter sonhos tão reais
    com sua mãe me explicando
    que foi melhor você ter me largado.

Por WhatsApp pedi que aquele
abraço amigo de quinta demorasse
um pouco mais
e eu não me importei por toda ›

aquela gente que assistia
a meu abraço de amparo.

Vou me tornar indetectável de
você, do vírus.
Do mundo.

E, talvez, eu ainda lembre dele
com a certeza de que o tempo
passou, que a vida mudou, mas
sem tristeza, apenas seguro de
que ele se fudeu.

Caio Carmacho

AMANDA TEM AIDS

li num pixo
em um muro
não sei exatamente
o que me chama mais atenção
se é o medo o veneno
a vulnerabilidade de seu autor
eu não conheço a amanda
mas o juiz anônimo que a sentenciou conhece
logo o sujeito da frase pode ter como pode
também não ter AIDS
amanda pode ser uma piada sem graça uma agressão gratuita
um modo bem brasileiro de dizer
'eu não gosto de você'
porque a ignorância é uma benção
escrita em um muro
por alguém com muita inveja ou mágoa
amanda amanda amanda
que deriva da palavra amor
que quando não correspondido
vira neurose doença ofensa
em tempos tão trevosos
amar amanda é o que vale
independente do preconceito da moral
e da AIDS

Guilherme Zarvos

HIV

Falar de câncer HIV de hepatite C
Só pelo pedido do Destino
Resposta de Poeta para Poeta
Enganadores muitas vezes do sofrimento
Dizer que Dor Cruel é não Viver
Pois não é difícil tirar a vida
Falar de amor
De água
Dos voos como foram dados
Continuarão
Conviver com doenças e doentes
Todos querem viver e tantos deles
ávidos:
– Quero ter mais tempo para Ler
Ter medo de sangue, de esperma
Cuidar-se, cuidar do outro
E o mundo vai apocalipse
Homem-bomba explode-se com 1 canalha
Ficarão humanos de alma pura
Como a tua
Beija-flor

PARA LÁ DOS 70

Envelhecendo com dignidade, convivendo com as
Doenças, seja a diabete, que deixa minhas pernas
Negras, o coração de mudanças de ritmo e de humor,
O pulmão com água. Envelhecendo e esperando a
Morte. Sem revolta. Comendo de tudo. Tudo é
Proibido. Sonhando com viagens que não posso
Executar. O médico manda exames, às vezes os
Faço, às vezes nem envio de volta: ficam no armário
Canetas, relógios , fotos da família, contas já pagas e
Várias pílulas, todas as cores, chego a tomar 17 ou
Mais por dia. Se estou com raiva não olho a
Prescrição. Esqueço. O que mais pode me acontecer
Morrer? Já nem sei o que é isto. Estou tão próximo.
Da morte que ela já nem existe. Estou dentro do
Enlace da morte. Eu quero é que se foda. Desculpem-me.
Envelheço com dignididade.

Originalmente publicado no livro Morrer, *Rio de Janeiro: Azougue Editorial, 2002.*

Priscila Andrade Cattoni

SORODISCORDANTE

para Bruno Cattoni,
amor e vida,
agora e sempre.

Discordância de sorologias,
encontro de afetos.
Nossas histórias, projetos

– conjuntos, unos.

Que nem tudo é luto,
nem tudo é luta,
nem todo desfraldar é de bandeiras.
Nem toda discordância é ausência.

Apologia do amor positivo.

Construção do dia a dia,
sólido.
Pequenas intimidades
povoam a casa.
O amor, positivamente,
une, congraça.

Maria Caú

CORREMOS

fumava um cigarro de fundo de bar
você
da primeira vez em que te vi
enuviando as lágrimas que ainda secavam no Dakota
com duas ou três cubas libres
quando nada naquele bar de fim de noite
podia nos gritar da madrugada
o calibre fresco do abismo a se erguer
num sapatear compassado e sorrateiro
bem no epicentro dos silêncios
entre as linhas de euforia
de uma vitrola escancarada de rodopios
escuros

"Corremos,
não nos alcançaram!"

tome agora de volta pra si o corpo
que é domínio seu
e o abrace
em rubor consentido
arranhe o tempo que pesa sobre os ombros
sinta dele a respiração ofegante
um, dois, três
solte o ar
com um frêmito incontestável
de vitória

corremos
tantos
por que a nós – justo nós
não alcançaram?

andávamos aos parapeitos
sem saber das alturas o turvar-se de agonia
com a licença poética
de viver antes da juventude
quando dela ainda se adivinha
o preço – e o rugido

quando começamos a correr?
quantas vezes pudemos olhar para trás?

depois, te vi de novo
repetidas vezes
trazer plantas arquitetônicas
para coroas de cansaço
escorregando das cabeças calvas
que suplicavam trégua
as pétalas em número
ímpar
pedindo que eu as contasse
e desse por falta
de mim

o que deixamos pelo caminho?
um cortejo veloz
de aflição furtiva
nesses zigue-zagues matutinos ›

em turbilhões concêntricos
cada vez menores
até todo toque se calar
de vez

dia desses resgatei uma fotografia
que caiu do seu bolso apressado
eu e você
não devíamos ter mais que 20 anos
numa juventude enregelada
que jamais nos caiu bem
como alternativa única

em que átimo começamos a correr?
como não nos alcançaram
com nossos sapatos de chuva
tão pesados se úmidos?

escolhendo-me vagaroso
eu hoje vigio você
nas esquinas
nos mercados na feira
sei que gosta de mangas maduras
e gérberas vermelhas
mapeio cada ruga pronta
a espantar a primavera
sempre esmigalhada em tempos de trincheiras
e espartanear sua face com doçura
tento
lhe dizer em silêncio
entre maduras e vermelhas
na exposição das farturas ›

que brotam doutro corpo
ao dobrar da fronteira daquela terra devastada

“Corremos,
não nos alcançaram.
Nos alcançaram os anos,
que eu recebo com uma grata reverência.”

mas, envergonhado, nada digo

“Oi, tudo bem?”
“Bom dia.”
“Como tem passado a sua mãe?”
da boca me saem frases feitas de normalidade
mas sei que temos um segredo imenso
ele me pesa nas mãos
eu o examino em espanto

Corremos.
tantos exaustos pavimentaram o caminho
e descoloriram-se do mundo

vencemos a corrida
porfimpornósporeles

Chegamos ao futuro impossível.
Não nos podem alcançar aqui.

Carlos Cardoso

ASSIM COMO A NEVE

para Caio Fernando Abreu

Alguma coisa aconteceu comigo,
a cada dia uma vontade
própria da linguagem aparece,
meus músculos estão nos nervos,
sinto na dor dos ossos a dor nos ossos,
meus olhos andam mais turvos
e o caminhar mais lento, mais vírus,

ainda não sei o que está
acontecendo comigo,
meu lado esquerdo
teima em ficar dormente,
feridas aparecem na linha do corpo,
manchas sobre a pele
não mais me surpreendem.

Tente entender!

Em meu silêncio moram os verbos
que não saem de uma forma clara,
o vírus da insônia
petrifica minhas articulações
e minhas palavras.

Está tudo tão confuso
está tudo tão mais frio,
disforme,
é que algo aconteceu
tão estranhamente estranho
que sequer sei dizer o quê.

Tente entender!

Algo no passado tornou o agora
e o futuro tão mais puros
e comum a todos
no mesmo espaço cósmico.

Sei que assim, entendendo o que
digo que é, talvez o que quer que for,
isso seja eu,
e tudo fique na linguagem do corpo,
no vírus d'alma,

assim como a neve
no coração de quem sabe.

Marcelino Freire

C**A**MISADEVÊNUS C**A**M**I**SA**D**EVÊNU**S**

CAMI**SADE**VÊNUS CAMISADEVÊ**NU**S
CAMISADEVÊ**N**US CAMIS**A**DEVÊNUS
CAMISADEVÊNUS CA**M**IS**A**DEVÊNUS
CA**M**ISAD**E**VÊNUS CAMISADE**VÊ**NUS
CAMISADEVÊ**NUS** **CA**MISA**D**EV**Ê**NUS
CAMISA**D**EV**Ê**NUS **CA**MISA**D**EV**Ê**NUS
CA**M**ISAD**E**VÊN**U**S CAMISA**DE**VÊN**US**
C**A**MISADEVÊNUS **CAMISADEVÊNUS**
CA**M**ISAD**E**VÊNUS CAMISA**D**EV**Ê**NUS
CAMI**S**AD**E**VÊNUS CA**M**ISAD**E**VÊNUS
C**AM**IS**A**DEVÊNUS CA**M**ISAD**E**VÊNUS
CAMISA**D**EV**Ê**NUS CA**M**IS**A**DEVÊNU**S**
CAMI**S**AD**E**VÊNUS CA**M**ISADEVÊNUS
CA**M**IS**A**DEVÊNU**S** CA**M**ISAD**E**VÊN**U**S
CAMISA**D**EV**Ê**NUS SAMI**SADE**VÊNUS
CAMI**S**ADEVÊN**U**S CA**MI**SADEVÊN**U**S
C**A**MISA**DE**VÊNUS CAMISADEVÊN**US**

Yasmin Nigri

HIV

ei mãe
eu tenho papel e caneta e
antigamente sentia que nada bastava
o corpo não contentava o peito
eu fui pra ver se tinha lugar
que contentasse melhor o peito
que contentasse melhor a palpitação
secreta no coração
eu desejava agarrar a natureza pelo rabo
não tem tempo
eu fiz as pazes com o peito
levo papel e caneta pra todo canto
uma hora chegariam as palavras certas
não dá mais pra esperar por essas
então eu compus outras
pode ser que agora não pareça
mas eu conservo muitas das suas raízes
quando eu falei do corpo não comportar o peito
estrepitoso
eu quis dizer da noite moral
desculpa a falta de jeito
você ter descoberto assim
sido atingida no peito
o golpe deve ter te abatido
como me abateu
e agora você pode perceber como eu
que jamais devia ter te tirado de cena do dia ›

sombra da sombra
cheguei lá e abri o envelope
mergulhei no papel
os olhos injetados
a partir dali
me arrancar o sorriso dos lábios
ao chegar em casa a impressão
é que tudo ali se despedia
sondava você e o pai e todos os objetos
olhei o relógio e ainda não era nem meio-dia
voltei a mergulhar os olhos no papel
por horas o olhar deitado em ondas escuras
era impossível levar daquela maneira
afundar vocês junto nessa existência
atormentado pela ideia de quem eu fui
e quem eu viria a ser
o vento bateu no parapeito
fez mais sentido aquele vento do que eu
levando a mala
quando a notícia chegou à imprensa
repassei na cabeça aquelas cenas do envelope na mão
que eu resolvi esconder
e o peito
que já estava ameno
permaneceu
chegava a hora de te escrever
pedir perdão
e dizer que não só o peito me levou
como a cabeça não comportou
a ideia de ser uma faixa de pedestres entre duas paredes
uma rampa em círculo
um corrimão de dois dedos ›

foi assim que eu me senti
um bando de degraus que dão pra parede
uma parada de ônibus
por onde nenhum ônibus passa
eu tinha tantos planos de progredir
ir pra TV e pro cinema
eu quis continuar vivendo os mesmos planos
você sabe
eu sou olho mágico em janela de vidro
não dava pra ter permanecido
sobre estar novamente em equilíbrio
e enxergar nesse furo jornalístico
um ato divino
pra gente se reconectar
ei mãe
eu quero que você saiba
que onde havia bancos
e uma placa de proibido pisar na grama
eu retirei a placa

Lisley Nogueira

PERSPECTIVA

apareceram novas manchas
essa febre
que eu pensava ser outra coisa
todas as dúvidas
ao mesmo tempo
(e um medo que eu nunca tive)

Um vírus

apareceram
os que me apontam
a todo instante
eu só queria voltar no tempo
por não saber disfarçar
[lamentei por tantas máscaras]

Três letras

apareceram certos anjos
psicodélicos
que me veem seguir
com a minha boca seca
pelo ar rarefeito
diante do espelho
(ainda me sinto vermelho)

Positivo

a vergonha
depois do aviso
avalanche
tsunami
(mas hoje estou preparado)

Permaneço

valido meu sorriso
mesmo com pouca sorte
mesmo que a morte
me engane

A vida urge.

Luiz Felipe Leprevost

diante de um corpo diante da sua dança onde
encontro o *não afetado pelo outro* alguém
não misturado de outros onde encontro?
não encontro
e me encontro
diante de um corpo diante da sua dança
aqueço
faço um aquecimento que fica marcado
um acontecimento
não lembro detalhes
faço
me faz esse acontecer que não
lembro como *fato* mas *sensação sentimento*
o que ocorreu
realmente
o quê? uso invento a memória
memória-vírus
se é que posso ousar assim chamar sem
a autorização da medicina
um acontecimento
uma marca
algo que ficou e agora
passa
para este poema
passa
um vírus que finco no papel
que inscrevo no *tempo* ›

cultura diante da ciência diante de
um corpo-leitor diante da dança
o poema
a língua
os costumes
a linguagem
a classificação medicinal diante do
mistério adiante
o poema que se faz
com o qual me debato para escapar
e escapo
e volto
e enceno
este sistema-poema
este complexo invento
tal qual a medicina
que encena algo
a medicina
que ensina
que também vai inscrita num
composto agrupamento
conjunto série
modo modelo procedimento
processo de futuro incerto qual o poema que
confio ao futuro o poema que instalo que
infecto no *tempo* este poema que acena para
a dança diante da qual tremo com meu rosto
sorrindo uma boca secando com meu rosto
sereno com a língua-saliva que mistura
o antídoto e bebe o esporro e inspira o
espírito
isto que é a luz-princípio e estoura

›

fervendo agora em
dança que vem dos órgãos
que trabalham de dentro para fora até mostrar
o cheiro que cheiro e vejo e chupo e lambo no ar
vapor subindo
da dança
que alucina formas distorcidas
funduras inaladas tamanhos latejantes
espantos
da dança
axilas virilhas que me mordem e
me vivem um jovem animal sem nome
da selva
do sexo
da pele que toco com mãos boca olhos que
toco com
o sexo
de onde viemos para a vida
viemos da buceta
da buceta paridos
cada corpo apoiado em outro
sôfregos de amor trêmulos de temor
pasmados espasmando passando
dando mais um passo perdendo o
equilíbrio recuperando
a dança
tem algo de alga o corpo que
dança
álcool tem álcool o corpo que
tem um ritmo candente cantante um
ritmo respirado esse corpo essa forma
nunca fixada essa sugestão nunca terminada ›

essa promessa que promete as várias
possibilidades que não fomos e
poderíamos ter sido ou ainda que
venhamos a ser
se de repente incertas experiências
se de repente incertos desvios
se de repente impulsos desejos faros faróis
se de repente o animal que habita em mim é
melhor do que eu que penso *eu* e interrogo
se *eu* é estômago
intestino
coração
se eu são tendões nervos
músculos esôfago
pâncreas vesícula
se *eu* são pulmões lugar da alma
ar que respiro
eu eu eu eu eu eu eu eu eus
minha funcionalidade
dispositivo aparelho equipamento
um lego sanguíneo
um logos dissecável
e a medicina por alarmes
a medicina a falar por alardes
a medicina a desentranhar na
festa do serviço único de saúde
na celebração da honra de deus Termo
em sua deriva de corpo em sua
interminável deriva
no estar à deriva de si em si e consigo mesmo
tudo querendo começar e continuar no corpo e
diante do corpo no corpo como *fim* obstinando o ›

corpo produzindo o corpo o corpo produzindo
anticorpos para manter permanecer
perpetuar o que não é perpétuo e passa
com tudo o que passa pelo corpo o corpo passa
no incessante movimento da eternidade que
é incessante e eterno o corpo a passar como a
saúde
como a cena que encena algo
como a medicina
não havendo uma única forma
uma forma unívoca para o seu *ser*-vírus
sinais da dança diante da
dança
diante da doença
a saúde íntima
equivalendo ou não
a saúde pública em
sua deficiência democrática em sua
insuficiência
quando precariedade saúda
o híbrido dissecado
o que vai visível o que invisível o que
fragmento devir maquinário
identidade ideal ideia o que
aberto fechado o que
arte artificialidade linguagem o que
para as lentes o que para as câmeras
para os cálculos o que para os gráficos
o que sonda o que
faz sonhar
vida morte
o que da magia o que

do mistério
o que insondável
nenhuma forma fixada rígida
inflexível hirta inconsútil
maciça inteiriça monolítica permanente
portanto o que falha
uma forma que se faz outra
e que falha e se faz outra
pelos poros mucosas orifícios
dobras calores
circulação sanguínea escrita que se move percorre
ronda roda reina prepondera espasma soluça sua soa
suspira exala emociona rememora dói apaixona
adoece contrasta experiencia afeta metabole
quebra expele organisma deseja gosma percebe
sente esfria comunica acontece viraliza atravessa
ama fisiologiza requebra esparge cura dança
a dança
que nos dança e empurra pelo *tempo* no tempo
do corpo

Marcio Junqueira

DO CORPO

partir daqui
do dado do corpo
deste corpo
em suas especificidades
de dimensões, pelos, marcas
e as histórias dessas marcas

(e que essa história
possa incluir
tanto a conversa miúda
quanto a conversa comprida
mas deste ponto
este corpo)

a u s c u l t o l o n g a m e n t e

imagino
um projeto experimental de existência
onde as especificidades
não sejam
limites, limitações ou limitantes
mas
possibilidades de invenção
vias de acesso a:

1) outras conversas

2) o conhecimento (que não é reconhecimento/ projeção) do outro

se
descobrir o outro
saber que
outro é o mesmo
embora seja mesmo
outro

mais rasteiro
menos grandiloquente
inventar/ construir/ cultivar
o poema dose-diária-de
tenofovir- disoproxil- fumarate-
lamivudine- efavirenz
comprimidos
300 mg/ 300 mg/ 600 mg
inventar/ construir/ cultivar
o poema duas-doses-diárias
imunen
50 mg
uso oral.

inventar/ construir/ cultivar

não projetar/poetizar
recusar o figurino
de herói
ou vítima

das circunstâncias
não piscar
sustentar o próprio olho

sem vergonha, sem culpa
botar o pé no chão
botar a cara no sol

interessa inventar
uma dimensão espiritual

em lavar os pratos
entrar no mar de manhã
botar batata doce pra cozinhar
ligar pra lau

construir
táticas de guerrilha
polinizações cruzadas
cut ups
aprender marcenaria
começar um livro de receitas

cultivar
cantar muito com caetano
falo de quantidade e intensidade
não mastigar distraidamente o próprio coração
nem entregá-lo numa bandeija de prata

ancorar a presença no corpo

inventar o ritual
acreditar no ritual
esquecer o espetáculo.

Tainá Rei

CORPOS DE NEON

entorpecida
um mistério o que tem na bebida
vá se for fluidos de meninos
vá se for o suor de uma batalha
vá se for o orvalho sob a casa de sua infância
vá se for o próprio caio f abreu

o rosto que jamais vi
duas mãos coladas, num sonho
trocando calor
eu acordo molhada

distorções na superfície
explosão, tambor, motor de carro
viajante sem corpo próprio ou destino
vá se isso for a vida

encarcerada nas dobras da barriga de alguém
olha ao redor – está inalcançável
inaugura pontes, túneis
por todo o dia
toda a madrugada

estou na plataforma
decido pular nos trilhos, vencer o tempo
pulo
e abro os olhos

›

estamos no trem
matando todos com gritos de loucura infantil
repetindo sílabas como gagos, mas só estamos cansados
vá se isso for um ritual comum
e abro os olhos

o trem abre a porta
tanto corpo
e nenhum deseja e rompe a privacidade
e me abraça?
o maquinista sai da cabine
desabotoa a camisa e mostra um x vermelho no peito
sorrimos e eu abro os olhos

ela conjura a favor de sua maquinaria
aguardando comum
na fila do pão

ela se arrisca demais
apaixonando-se
transando com meninos sem proteção

ela se apresenta à luz de um poste
inalcançável
vá se for isso um presente
inaugura caminhos
atravessa pontes, túneis

Júlia Studart
Manoel Ricardo de Lima

101/102

lado a lado as camas malcheirosas
aqui o sono cura

toca, sem medo, a carne é mole
e não dói

dichtermut

dichtermut

dichtermut

...

alguns anos antes ou depois
trótski, doente, trata-se em ullevall
e lê uma bíblia em norueguês

imagina que mesmo assim não
pode salvar sua alma
mas que a bíblia norueguesa
serve para estudos comparativos
de línguas

isto é uma luta
uma revolução

a vida só golpeia os fracos

...

a vida golpeia os fracos

...

um sonho com cavalos de papelão,
bolas, bonecas de trapo, livros

e todos os vírus

a vida expandida, aberta, é virótica

...

isto avança : músculos tensionados
e voltados ao jogo, ao trabalho, à
vida,

para algum futuro
todo futuro

e todas as tarefas misturadas com
o presente, agora, no tempo das
plantas, lentamente

lado a lado, um a um, num duo
para dançar e rir, abraçados, como
sempre, vampiros

e iremos juntos ao cinema do bairro

Ramon Nunes Mello

ACTO DE FÉ

22 de fevereiro de 2006
na cidade do porto
gisberta salce júnior
45 anos mulher transexual
soropositiva

torturada por três dias
pedradas pauladas chutes
sexualmente torturada
corpo dilacerado queimado
com cigarros

e jogada
em 15 metros de agonia
afogou-se na violência e no preconceito
em nome do pai do filho e do espiríto santo
de 14 jovens católicos

no poço
fundo

sem fim
amém

Marcos Visnadi

DEUS TEM AIDS

Jesus no caminho
quanto sangra, Senhor, e balbucia
umas palavras em aramaico que se perdem
entre os estalos do chicote, os gritos de alívio do povo

língua santa no cangote de ninguém
dois mil anos Te aguardando e Tu não vens
guardo cada gole de saliva
na esperança de dar

de beber, sozinho, engulo
não tem oferta que Tu venhas buscar
paciência

conto as cópias de vírus no meu próprio sangue
balbucio em português outras palavras que se perdem
entre buzinas de automóveis, meu corpo produz líquidos

*

Por que
Te escondes
no papel-bíblia
nos perdigotos de pastores argutos

não tens artérias que jorrem
cravadas nos pregos que fácil ›

estar na eternidade imóvel e insensível
em madeira, pensamento e folhinhas de calendário

em pilates, salada e terapia
lençóis limpos dançando com o vento
as rugas do intestino e suas fezes

curas e cotidianos aceitáveis
listas de afazeres dois mil e dezessete
caminho, verdade, vida

*

Ele enxuga as lágrimas dos aflitos
com Teus beijos de lábios ressecados
meus dedos tocam Tua costela sob a fenda
e eu me resigno a tomar os comprimidos

Senhor, com que raiva
secaste a figueira que não tinha feito nada
e mandaste pros abismos da morte
aquela vara de porcos inocentes

agradeço o quanto posso
não ser árvore, não ser porco
à Tua imagem e semelhança

ter medo fome e orfandade
no mais profundo da minha subjetividade
merecer cada castigo aplicado com vontade

*

Entre atraques com rapazes babacas
entre amores de verdade e caras casados faz décadas
nos rabos um gosto de látex
que as mulheres não farejam

o Filho de Deus
um vírus manso
Pôncio Pilatos e Barrabás
renova Teu medo da morte

agradece
a companhia indiferente
os covardes que gaguejam e Te negam

é como qualquer outra coisa
essa esponja encharcada de vinagre
mata a sede e dá saúde até que acabe

"CARTA PARA O HIV"

Para Pablo e María.
Também para Al Berto, que escreveu: "A alma é húmida."

sem destino
nem destinatário
acordei sem deus
sem estar acordado
numa grande fila
sem antepassados
meus amigos mortos
mas acordo:

meus amigos vivos
e eu também

ainda tenho
as mãos boas
por quanto tempo
ninguém sabe
e não importa
quanto tempo
você tem
ninguém sabe
também

o tempo
meu amor
empapado
nas nossas células
nos protege
contra o vácuo
que o universo
nos promete
e vai inflando
por dentro
dos núcleos
multiplica
e explode
ficamos cheios
da carga do tempo
o resto é medo
e amor que nasce

morrer antes
de todos
os meus amigos
ou pra sempre
no pensamento
positivo
vitaminas e exercício físico
o exame periódico da glicemia
e o CD4 controlado
um marido com plenos direitos
janta, sonho
da casa própria
e do mestrado ›

sobreviver
sem anticorpos
com os mais felizes prognósticos
para quê?

*

como é que faz
se o meu corpo me diz
não te quero mais
e falta tanto por descobrir
o povo tem fome
de cravos-da-índia
as caravelas esperam
feito águas-vivas
do porto desbravaremos
continentes

mas não eu
coberto de escorbuto
prévio à negra peste
mãos esquálidas sem remo
fico jovem
nem pra velho do restelo
as portuguesas choram
as noivas ficam por casar
o mar engole meus companheiros
num futuro de horizonte
terra redonda que some

e eu
manhã

›

que medo
acordo tremendo
deitado na areia
rápido esfria
a madrugada
sem água
o sol queimando
o sarcoma de kaposi
naufrágio na terra
dos meus pais
como é que eu faço
se o meu corpo me disser
não te quero mais?

a sífilis
descoberta epidêmica
no século quinze
matava rápido como a aids
nos anos oitenta,
se esperar
século trinta
vencerá
as novas formas
epidêmicas
me deixarão
datado entre a praga do século
um romance
de moças nas montanhas
tísicas tirando
as costelas em resguardo
de pureza e de sexo e uma gripe ›

mais forte e uma cura
qualquer

deus antes de ir-se me deu
a historicidade das doenças
pra que eu não me aborreça
tudo vai e tudo é vão
deus nos deu só o que é bom

*

todas as tartarugas
rompem ao mesmo tempo
ou quase
seus ovinhos
de casca mole pra répteis
tão duros, nascidos nos dinossauros
depois atravessam
uma vez eu vi
na televisão que uma cidade
tinha migração de sapos no meio das ruas
ou seriam aligátores
crocodilos mais que grandes
mal nascidos e já migrantes

depois
conseguiram um salário
e contas a pagar
subiam a correnteza
pulando contra as águas
para desovar
a menos que um urso ›

os agarrasse
para viver

nos reunimos
eu e os bichos
a trocar experiências
eu conto que contraí uma doença
e antes disso era hippie
embora seja meia verdade
mantivemos a música dramática
depois comemos salgadinho
enquanto os colegas de trabalho
balançavam a cabeça
compadecidos e diziam
"que dureza..."

duro
é o que eu tenho entre as pernas
que acorda
apesar de tudo
mesmo quando eu não quero
e sai da toca
se arrasta na areia
e chega no mar

grande água na nossa carapaça
sal e rumo sem fronteiras de correntes
no entanto solte um bote à deriva
ainda que afunde   ele chega
ainda que aporte   ele entrega

filhotes de futuro diluídos no presente
antigas técnicas de decantação me são passadas
depois de tantas vezes que eu não morri
durmo adulto sobre os bens adquiridos
mas faço, da matéria que não tenho:

um casco que sustenta,
às minhas costas, quatro elefantes

nas suas trombas, continentes,
tudo o que você quer
mas também tudo

aquilo que ninguém nem imagina

existir

ENT

STE O

NDER TH

DUE DE

TO

ER

POSFÁCIO

Poesias positivas na era pós-coquetel

Alexandre Nunes de Sousa

Assim, eis-me aqui na metade do caminho, e vinte anos se passaram
- Vinte anos a rigor esperdiçados, os anos de l'entre deux guerres -
Tentando aprender como empregar as palavras, e cada tentativa
É sempre um novo começar, e uma diversa espécie de fracasso
[...]
Para nós, há somente tentativa. O resto não é da nossa conta.
T.S. Eliot
"East Coker", 1940[1]

H• Há a tentativa, o fracasso e a nova tentativa que segue. Assim como no poema de T.S. Eliot acerca das possibilidades da escrita, Caio Fernando Abreu tentou expressar seu estado de saúde nas conhecidas crônicas epistolares de 1995. As "Cartas para além do muro" do escritor gaúcho ficaram conhecidas por comunicar sua condição soropositiva e, por sua vez, inspiram o título desta coletânea: *Tente entender o que tento dizer*. As duas primeiras cartas, num total de três, falavam de modo cifrado, metafórico, "obscuras, enigmáticas como aquelas dos almanaques de antigamente" e, posteriormente, a última, fazia o autor se exprimir de modo direto: "Te escrevo agora assim, mais claramente. Nem sinto culpa, vergonha, ou medo."[2]

Metáforas e ou pretensas literalidades. Lutas com a linguagem na tentativa de estabelecer formas de conexão, inteligibilidades. Enquanto Eliot enfrentava o fracasso na poesia das primeiras décadas do século XX, Caio F., no final do mesmo século, batalhava para construir cartas-pontes para além do muro que ligavam dois reinos: o dos sãos e o dos enfermos. Como disse Susan Sontag, em *A doença como metáfora*, de 1968, todos possuímos esta dupla

1 T.S. Eliot, *Poesia*, Trad. Ivan Junqueira, Rio de Janeiro: Nova Fronteira, 2014, p. 225.

2 C.F. Abreu, *Pequenas epifanias,* Rio de Janeiro: Agir, 2006.

cidadania; e, "apesar de preferirmos só usar o passaporte bom, mais cedo ou mais tarde, ficamos como cidadãos desse outro lugar".[3]

É exatamente no "campo minado" deste entre-reinos que se produzem, desde o surgimento, as dizibilidades da Aids. Dentre as mais variadas formas de discursos, a ensaísta americana localiza na metáfora o principal inimigo a ser combatido, pois esse recurso de linguagem tenderia a culpabilizar o doente por sua enfermidade. A extensão desse argumento se dará em *Aids e suas metáforas*, de 1988. E é especificamente contra as metáforas de guerra no discurso da Aids que Sontag passa a desenvolver sua tese. Combate, defesa, ataque, luta, invasão. Essas seriam formas de expressão que contribuíam para dificultar o entendimento "real" da infecção, estigmatizando as então chamadas "vítimas da Aids".

Tal projeto de acesso ao "real da Aids" é relativizado quando a escritora conclui que é impossível falar sem metáforas, mas que, por outro lado, seria possível evitar aquelas que provocam estigmas. A própria Sontag abre *Doença como metáfora* falando figurativamente de saúde e doença como reinos distintos. Uma relativização que não impediu o ativismo da Aids de fazer duras críticas ao argumento contra a figura de linguagem, pois, para os militantes, se fazia estratégica a criação de imagens através de metáforas na difusão das pautas urgentes que circundavam a pandemia. Diante da flagrante omissão das autoridades públicas e do sensacionalismo televisivo que transformava os sofrimentos em espetáculo, era necessário falar e, se preciso, através de metáforas.[4]

---

3 S. Sontag, *Doença como metáfora/Aids e suas metáforas*, São Paulo: Companhia das Letras, 2007, p. 11.

4 C. Rollyson e L. Paddock, *Susan Sontag: a construção de um ícone*, São Paulo: Editora Globo, 2002; e também M.S. Bessa, *Histórias positivas: a literatura (des) construindo a Aids*, Rio de Janeiro: Rocco, 1997.

Outro tópico importante que foi desenvolvido por Sontag está no conto *Assim vivemos agora*, de 1986. A escritora trabalha a afirmação discursiva de que as pessoas continuavam vivas e eram muito além de suas enfermidades. Naquele momento, ainda no auge da epidemia, diversas metáforas promoviam a identificação entre doente, doença e morte. E do mesmo modo como os processos de subjetivação criaram as figuras do tuberculoso (sic) ou do leproso (sic), surgia a figura do aidético (sic). A luta semântica contra o uso desse termo pejorativo e a favor da centralidade na vida já aparecia no conto originalmente publicado pela revista *The New Yorker*. Logo, é importante notar que um dos personagens encerra aquela narrativa informando, contra todas as previsões do contexto, que: "Ele continua vivo, disse Stephen."[5]

Não se vive mais daquele jeito narrado por Susan Sontag no texto publicado em 1986. A descoberta dos potentes antirretrovirais, o chamado coquetel, exatamente dez anos depois vai inaugurar uma nova etapa da epidemia e de sua discursividade. Assim, as mudanças promovidas pelos fármacos transformariam também os modos de tematizar o HIV/Aids nas artes, na literatura, no cinema etc. Hoje, as batalhas com/contra as metáforas ressurgem a partir de antigas e novas configurações, uma vez que não somente o ativismo político de ontem se valeu fartamente de tal recurso, como também a própria escrita poética de hoje. A questão não passa incólume por Ramon Nunes Mello, que, reverberando Willam S. Burroughs, nos lembra: "linguagem/ o verdadeiro/ vírus", em seu discurso-inspiração para a presente antologia.

No contexto pós-coquetel, em que encontrar-se soropositivo não significaria mais necessariamente uma sentença de morte,

5 S. Sontag, *Assim vivemos agora*, São Paulo: Companhia das Letras, [1985] 1995, p. 55.

reeditam-se as tentativas de aprendizagem do uso das palavras para estabelecer a comunicação de poesias-pontes que atravessam outros muros. Contudo, desta vez não existiriam mais aqueles dois reinos rigidamente antagônicos. Dito de outro modo: as poesias aqui reunidas falam da explosão do binarismo fixo entre os reinos: reagente = doença *vs.* não reagente = saúde. Caminho esse que Caio Fernando Abreu pretendia seguir ao ressignificar o diagnóstico positivo como algo para além de um decreto de fim da vida. Seus planos eram de produzir um livro chamado *Histórias positivas*, apenas contendo contos com temáticas de HIV/Aids.[6] A obra não chegou a ser escrita, mas podemos dizer que um outro título para esta coletânea poderia ser o de *Poesias positivas*.

Neste novo contexto de "poesias positivas", os sentidos das metáforas de guerra não são mais sumariamente rejeitados, mas parecem se encontrar em deslocamentos constantes. Logo, as batalhas passam a ser entre suores em "Corpos de neon", de Tainá Rei, e qualquer sangue nada mais é do que "uma explosão ensimesmada" em "Detalhe", de Regina Azevedo. Numa virada sontaguiana, Kako Arancibia surge reafirmando que "sem batalha/ sem exército, sem inimigo", seu corpo não é "território de uma guerra". Ainda nesse sentido, para além das imagens bélicas, a poesia de Mariano Marovatto mostra o corpo como expansor de metáforas políticas, enquanto os versos de Bruno Cattoni alertam para a permanência das metáforas do "não" do mundo, no caso, aquilo que o autor chama de moral cristã.

Outro deslocamento promovido neste conjunto de poemas é que, se no conto "Assim vivemos agora", o discurso do vírus chegava através de um narrador aparentemente soronegativo, e, ao falar sobre a vida de um outro em vias de extinção, "ele

6 M.S. Bessa, op. cit., 1997.

continua vivo", aqui se aponta para uma dizibilidade em primeira pessoa promovida pela era pós-coquetel: "estamos vivos." Traços presentes em versos como os de Maria Isabel Iorio, Marcio Junqueira, Eduardo Sterzi. E é a poesia de Silviano Santiago que arremata a questão para além de uma mera sobrevida ao se questionar: "Pergunto à Vida se ainda faz/ sentido lhe emprestar sentido./ Responde-me que sim."

Outra tendência da era pós-coquetel que se confirma na coletânea aqui apresentada é a consolidação de uma memória da Aids. É neste sentido que Italomori faz circular novamente o seu "O grande medo" escrito em 1990. Nele, o desenvolvimento dos gânglios linfáticos sinaliza a marca de uma época. Assim diz o poema: "gânglios implodiram-lhe o pescoço/ grossos como cordas, lajes". Vale lembrar que essa construção da síndrome através de insinuações, de elipses, também era amplamente utilizada na época pré-coquetel por outros escritores, como o próprio Caio Fernando Abreu.[7] No mesmo *mood* dessa espécie de memória maldita, ou memória dos corpos malditos, seguem versos como os de Antonio Carlos Secchin e Armando Freitas Filho. Mas este não é o único viés da memória que encontramos. Entram em cena também as lembranças dos amigos (ou quase-amigos) desaparecidos em decorrência da epidemia. São os casos dos poemas de Fabrício Corsaletti, assim como das poetas Annita Malufe, Angélica Freitas e Viviane Mosé. "Uma família de amigos hoje não sei onde/ estão muitos se foram como ele anos 80", diz a poesia de Malufe ao relembrar a década do surgimento da epidemia, enquanto os versos de Freitas se perguntam "se naquela época/ você já sabia, mas a pergunta é ociosa./ e me lembro/ do brilho nos teus olhos.". Já os versos de Viviane Mosé sinalizam a iminência da mudança para o paradigma pós-

7 Idem.

coquetel, mas que, para muitos, chegou tarde demais: "Pouco depois ninguém mais/ Morria./ Mas para eles não deu tempo/ Pra eles não deu".

Se é verdade que a taxa de mortalidade despencou após a distribuição dos coquetéis feita pelo Estado, no contexto brasileiro, faz-se também necessário perguntar quem são estes que não morrem mais, pois a queda dos óbitos em alguns países não quer dizer que a epidemia esteja controlada. Longe disso, no contexto do desmonte das políticas de prevenção do Brasil dos últimos anos, assistimos ao aumento dos casos entre jovens e entre mulheres. Logo, ao mesmo tempo em que há a emergência de uma vida possível com o HIV para determinados países e populações, há o deslocamento das mortes para outros marcadores de vulnerabilidade, tais quais imigrantes ilegais ou para nações periféricas, notadamente as do continente africano.

Também não passa despercebido a alguns poetas aqui reunidos as relações biopolíticas que as medicações acarretam no corpo. Momento que marca essa nova fase da relação de saber-poder da epidemia com a indústria de fármacos. O disciplinamento do corpo em torno dos remédios é um fenômeno que permanece, como é possível perceber no poema de Juliana Krapp: "Haverá sempre vigilância/ a espreitar pelas gelosias/ o alarme do relógio/ a lembrar os remédios." Mas também apresenta-se a esperança de um futuro possível sem tal controle, como diz João Maria Cícero, "um corpo/ amédico afarmacológico aterapêutico".

Entre tentativas e fracassos de expressão, de criação de cartas-poemas que atravessem outros e novos muros, entre relatos de cronificação da soropositividade e as memórias dos que partiram, há ainda espaço para o nada dizer. É assim o poema visual de

Victor Heringer chamado "Angústia". A figura-poema é precedida por depoimento do artista intitulado "*On being asked for a HIV poem*", que, por sua vez, se refere ao famoso poema de Yeats "*On being asked for a war poem*". Percebemos aqui que o liame da relação entre guerra e doença é novamente traçado na substituição de um termo pelo outro. Além disso, há o paralelo que o poeta faz entre os temores de submeter-se a um exame de câncer e os de se submeter a um exame de HIV, reverberando também as formulações presentes nos ensaios de Sontag acerca das duas enfermidades e seus estigmas. Assim, Heringer prefere sintetizar sua participação no livro na visualidade de seu "Angústia" e reproduzir os versos de Yeats: "Como poeta acho melhor não dizer nada/ Num tempo assim." O ato de não falar também é abordado em "Sorodiscordante" de Priscila Andrade Cattoni, quando o poema pontua a escolha por cotidianos anônimos: "Que nem tudo é luto,/ nem tudo é luta,/ nem todo desfraldar é de bandeiras."

Dentre os distintos contextos e sorologias aqui apresentados, Renato Rezende nos fornece uma possível imagem-guia ao eleger a soropositividade como o momento de recomeços e de outros viveres: "Quando a vida termina, ela enfim pode começar.", diz o poeta. Ou, como nos lembra T.S. Eliot em "Quatro quartetos": "Em meu fim está o meu começo."

Alexandre Nunes de Souza *é professor de Comunicação e Cultura na Universidade Federal do Cariri (UFCA) e doutorando em Cultura e Sociedade pela Universidade Federal da Bahia (UFBA). Entre diversos artigos publicados em periódicos, destacam-se* Da epidemia discursiva à era pós-coquetel: notas sobre memórias da Aids no cinema e na literatura *(2016) e* Literatura pós-coquetel *(2015).*

AINDA A PALAVRA

Denilson Lopes

Ao receber os poemas deste livro, lembranças se confundem no ano de 1984, momento das Diretas Já, quando entrei na universidade. Mais ou menos naquele ano foi quando tive notícias da Aids. Ela estava longe, na capa de revistas, em matérias de jornais, em filmes e contos. Não lembro de poemas. 1984 foi também o ano da morte de Foucault, que também li, pela primeira vez, sem muito entender, nesta mesma época. Meu corpo era mais velho que o de Foucault e dos corpos libertários da contracultura e do desbunde. Mais próximo do adolescente tímido de *Limite branco*, de Caio Fernando Abreu, que só fui ler bem mais tarde. Sem temer a morte. A vida não tinha tanta importância assim. Estava isolado pelos silêncios da ditadura, ouvia canções pós-punks.. O rapaz mais triste do mundo. Vestido de negro sob o sol do planalto central.

Mesmo distante, a praga que mataria 1/3 da humanidade até o fim do milênio me encontrava, penso hoje, no pânico da homossexualidade que ela disseminou. Um pânico loquaz só em cadernos, diários. Sem ser HIV positivo, contava todas as horas como se apontassem para o fim. Infectado por uma sensação de que não viveria muito mais. A morte não veio. A Aids mudou. Nossos corpos passaram a ser cada vez mais feitos por próteses e drogas. Muitos morreram. Muitos sobreviveram. Tantos ainda continuam a se contaminar, vivem com ela, vivemos com ela, nos que nos tocam. Cada dia menos uma metáfora, um estigma, mas uma doença crônica como tantas outras. Por que escrever a Aids hoje? Falar da Aids é falar uma história de corpos e sensações. A Aids é memória. Lembrança dos que se foram. Lembrança de vestígios que ainda sobrevivem e se espraiam. O que ela nos diz hoje? No passado, ela se misturava com a melancolia finissecular dos anos 1980. E hoje? Tanto lá como agora, a sensação enorme de não fazer parte das grandes causas, acontecimentos e polêmicas. O voto pronunciado pelo jovem artista quando jovem ainda parece um guia: "Silêncio, exílio e sutileza." Presente do pretérito. Leio o sumário dessa coletânea, nomes de poemas, nomes de nomes. As palavras são insuficientes, por isso a escrita ocupa e insiste nesta história a ser inventada e sentida mais do que narrada, contada. Não se trata de medicalizar a arte nem humanizar a doença. Algo que persista embora não exista. A imagem desfocada do Youtube, um jovem, como eu fora, canta "Não há morte que mate nossos males."[1] Mas sempre vai ter fim. Enquanto não, caminho pelas páginas que o leitor também percorreu. Aguardo o encontro.

Denilson Lopes *é professor associado da Escola de Comunicação da Universidade Federal Rio de Janeiro (UFRJ). Entre outros títulos publicou* A delicadeza: estética, experiência e paisagens *(2007) e* O homem que amava rapazes e outros ensaios *(2002).*

1 N. do O.: A música "Não há morte", de Vzyadoq Moe, está no disco *O ápice*, de 1989, e pode ser ouvida em <www.youtube.com/watch?v=tZvK1-kLxrM>.

Felipe Stefani *é poeta e artista plástico, ilustrador e professor de desenho livre. Publicou dois livros de poemas,* O corpo possível *(2008)* e Verso para outro sentido *(2010). Mantém o blog Cultuar.*

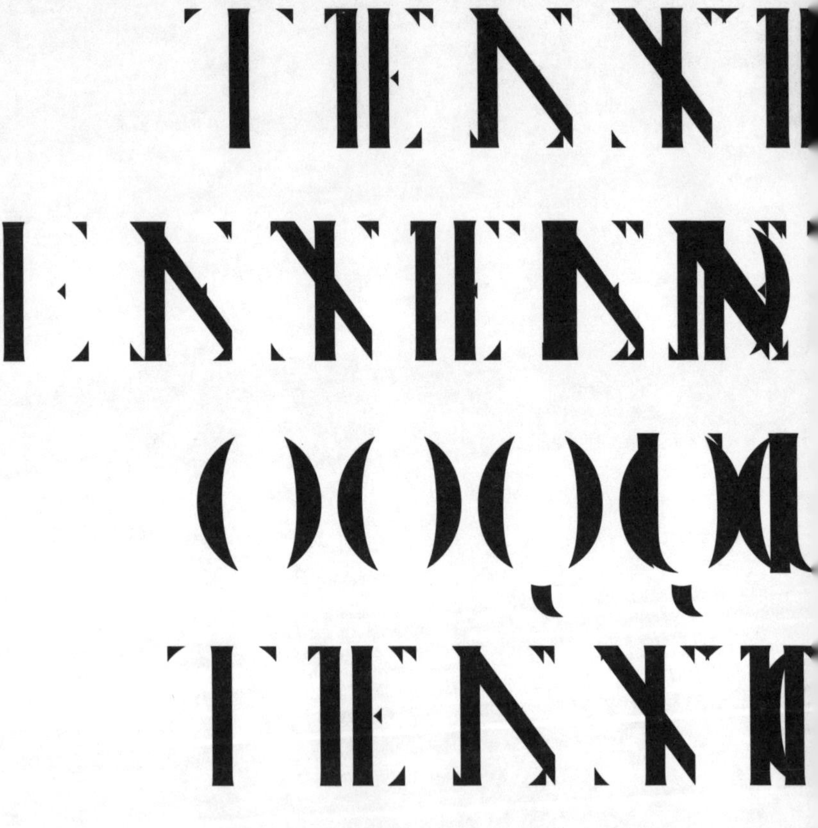

SOBRE OS AUTORES

Alessandro Sbampato (São Paulo/SP, 1968) é artista visual, escritor e pesquisador em estética e história da arte, além de arquiteto. A relação entre corpo, paisagem e memória tem sido o fio condutor de seu trabalho em diferentes suportes. Atualmente se dedica a finalizar um livro de poemas, *Um ou dois*, e a novela *Fome de cão*.

Amara Moira (Campinas/SP, 1985) é doutoranda em Teoria Literária pela Unicamp, travesti e trabalhadora sexual. É colunista da Mídia Ninja, escritora e ativista da causa LGBT+ no Brasil. É autora de *E se eu fosse puta* (2016), e coautora de *Vidas trans* (2017), ao lado de mais três autores trans.

Amora Pêra (Rio de Janeiro/RJ, 1981) é compositora, cantora e poeta. Com a banda Chicas, tem três discos e um DVD lançados. Cantou também com Marcelo Yuka, Qinho e a Cia velha. Lançou em 2018 seu primeiro disco solo, *A dúpé: nós agradecemos em Iorubá*. Em parceria com Pedro Rocha, criou o selo editorial cArtonerAcArAAtApA, por onde lançou seu primeiro livro *Saudade de mim a gente* (2013).

Ana Paula Simonaci (Rio de Janeiro/RJ, 1990) é curadora, pesquisadora e poeta. Formada como bibliotecária, é mestre e doutoranda em Memória Social pela Unirio. Desenvolve pesquisa nas áreas de análise de imagem e do discurso. Como curadora, atua em festivais, mostras, exposições literárias e seminários.

André Vallias (São Paulo/SP, 1963) é poeta, designer gráfico e produtor de mídia interativa. É autor de *Heine, hein?: poeta dos contrários* (2011), *Totem* (2014) e *Oratório: encantação pelo Rio* (2015). É editor da revista online *Errática*.

Angélica Freitas (Pelotas/RS, 1973) é poeta e autora de livros como o premiado *Rilke shake* (2007) e *Um útero é do tamanho de um punho* (2012). Suas obras já foram traduzidas na Argentina, Espanha, México, Estados Unidos, Alemanha e França.

Annita Costa Malufe (São Paulo/SP, 1975) é professora de Literatura e Crítica Literária na Pontifícia Universidade Católica de São Paulo (PUC-SP). Poeta, publicou os livros *Fundos para dias de chuva* (2004), *Nesta cidade e abaixo de teus olhos* (2007), *Como se caísse devagar* (2008), *Quando não estou por perto* (2012) e *Um caderno para coisas práticas* (2016). Na área acadêmica, publicou os ensaios *Territórios dispersos: a poética de Ana Cristina Cesar* (2006) e *Poéticas da imanência: Ana Cristina Cesar e Marcos Siscar* (2011).

Antonio Carlos Secchin (Rio de Janeiro/RJ, 1952) é poeta e ensaísta. Membro da Academia Brasileira de Letras (ABL), professor emérito da Universidade Federal do Rio de Janeiro (UFRJ). Autor, entre outros, de *Desdizer* (Poesia reunida, 2017), *João Cabral: uma fala só lâmina* (2014) e *Percursos da poesia brasileira* (2017). Preparou edições de poesia completa de Cecília Meireles (2001), João Cabral de Melo Neto (2008) e Ferreira Gullar (2008).

Antonio Cicero (Rio de Janeiro/RJ, 1945) formou-se em Filosofia na Universidade de Londres. Poeta e letrista das canções de Marina Lima. É autor dos livros de ensaios *O mundo desde o fim* (1995), *Poesia e Filosofia* (2012) e *A poesia e crítica* (2017), além de três coletâneas poéticas: *Guardar* (1997, prêmio Nestlé de Literatura Brasileira), *A cidade e os livros* (2002) e *L* (2012).

Armando Freitas Filho (Rio de Janeiro/RJ, 1940) é poeta. Estreou com o livro *Palavra* (1963). Reuniu treze títulos de sua obra em *Máquina de escrever* (2003). Seguiram-se *Raro mar* (2006), *Lar* (2009), *Dever* (2013) e *Rol* (2016). Já recebeu os prêmios Jabuti, Alphonsus de Guimarães da Fundação Biblioteca Nacional, Portugal Telecom, Alceu Amoroso Lima – Poesia e Liberdade, Associação Paulista de Críticos de Arte (APCA) e o prêmio Rio Literatura.

Ayrton Alves Badriyyah (Natal/RN, 1994) é poeta e tradutor, formado em Letras pela Universidade Federal do Rio Grande do Norte (UFRN).

Publicou zines independentes, entre eles *Travessia*, e participou de algumas antologias nacionais e internacionais.

Bayard Tonelli (Porto Alegre/RS, 1947) é ator, bailarino, poeta, coreógrafo, diretor de arte e um dos fundadores do grupo Dzi Croquettes. Estudou Arquitetura na Universidade Federal do Rio Grande do Sul (UFRGS), estilismo na Itália e danças sagradas na Índia. Estreou no cinema em *Vozes do medo* (1970), de Roberto Santos. Participou de inúmeros espetáculos teatrais e longas-metragens (ficção e documentário). Publicou o livro *Dzi in verso* (2008).

Bobby Baq (São Paulo/SP, 1992) é poeta, roteirista e dramaturgo. Autor dos livros *Nébula* (2016), *Suspensivos* (2014) e *Eu findo mundo* (2013). Desenvolveu experimentos cênicos com artistas, misturando música, poesia oral e dança, além de *spoken words*, videopoemas e colagens.

Botika (Rio de Janeiro/RJ, 1984) é escritor, compositor, cantor e diretor de cinema. Autor de *Uma autobiografia de Lucas Frizzo* (2004) e *Búfalo* (2011), entre outros.

Bruce de Araujo (Rio de Janeiro/RJ, 1986) é ator e poeta. Membro do Patuanú - Núcleo de Pesquisa em Dança de Ator dirigido por Carlos Simioni (Lume Teatro), estudou na Escola Técnica Estadual de Teatro Martins Pena, no Rio de Janeiro, e integrou a Companhia Amok Teatro. Atuou em peças dirigidas por Jô Bilac, Fabianna de Mello e Souza e João Falcão. É autor do livro de poemas *Leia antes que eu jogue fora* (2016). Em 2017, escreveu e dirigiu sua primeira peça solo, *Estudo sobre a maldade*, em parceria com a diretora Miwa Yanagizawa.

Bruna Mitrano (Rio de Janeiro/RJ, 1985) é escritora, desenhista e articuladora cultural. Autora do livro *Não* (2016).

Bruno Cattoni (Rio de Janeiro/RJ, 1957-2017) foi jornalista e poeta, militante dos direitos humanos e um dos fundadores do Grupo Pela

Vida e do Movimento Humanos Direitos (Mhud), tendo trabalhado por trinta anos na TV Globo. Trabalhou na organização de eventos do Fórum Social Mundial - Rio com Vida. Como poeta, publicou sete livros, entre eles *Kalusha* (2002), *Osso: (na cabeceira das avalanches)* (2005) e *Silêncio de girassóis* (2007). Faleceu no dia 8 de outubro de 2017, um mês após enviar o *Poema pra Adelaide*, que integra esta coletânea.

Bruno Couto (Rio de Janeiro/RJ, 1989) é graduado em Letras pela Universidade Federal do Rio de Janeiro (UFRJ) e professor de Português. Autor da reunião de contos *Dragões: o mais louco dos surrealistas* (2013) e de outros textos esparsos publicados em coletâneas.

Bruno Molinero (São Paulo/SP, 1990) é jornalista e autor do livro de poesia *Alarido* (2015), vencedor do prêmio Guavira de Literatura.

Caio Carmacho (Paraty/RJ, 1983) é poeta e agitador cultural. Organiza anualmente, desde 2008, o sarau literário Picareta Cultural e é um dos curadores da OFF Flip de Paraty. É autor de *Livre-me* (2013).

Carlos Cardoso (Rio de Janeiro/RJ, 1973) é formado em Engenharia e estreou, como poeta, com o livro *Sol descalço* (2004), seguido por *Dedos finos* e *Mãos transparentes* (2005). Em parceria com a artista visual Lena Bergstein, publicou seu mais recente livro de poemas, *Na pureza do sacrilégio* (2017).

Carolina Turboli (Rio de Janeiro/RJ, 1991) é poeta, romancista, compositora, dramaturga e professora. Mestre em Literaturas Africanas, é cofundadora da coletiva de expressão feminina Disk Musa. É autora de *Lugarum* (2014), *Teatro de ostra* (2016) e *Para que eu não ande vagueando atrás de mel* (2017).

Chacal, pseudônimo de Ricardo de Carvalho Duarte (Rio de Janeiro/RJ, 1951), é poeta e letrista. Fundador e diretor do evento de poesia CEP 20.000, realizado no Rio de Janeiro desde 1990. De sua obra, destacam-se os livros *Nariz aniz* (1979), *Boca roxa* (1979), *Comício de tudo* (1986), *Letra elétrika* (1994) e *Tudo (e mais um pouco): poesia reunida 1971-2016* (2016).

Diego Moraes (Manaus/AM, 1982) é poeta e contista. Autor de sete livros, entre eles *A fotografia do meu antigo amor dançando tango* (2012), *A solidão é um deus bêbado dando ré num trator* (2013), *Um bar fecha dentro da gente* (2015) e *Meu coração é um bar vazio tocando Belchior* (2015). É publicado no Brasil e em Portugal.

Dimitri BR (Rio de Janeiro/RJ, 1976) é compositor, escritor e performer. Suas canções e videocanções figuram em trilhas de novela, filmes e peças de teatro. Lançou os álbuns *Todos os dias são bons* (2017) e *Música sólida* (2011), além de diversos EPs e compactos. Publicou a plaquete *Breviário da sagrada dúvida* (2015) e seu primeiro livro de poemas, *Ocupa* (2016), listado entre os semifinalistas do prêmio Oceanos.

Domingos Guimaraens (Rio de Janeiro/RJ, 1979) é poeta e artista visual, integrante do coletivo Opavivará!. Publicou *A gema do sol* (2006) e *Amoramérica* (2008), com o coletivo Os 7 Novos. Tem poemas publicados em antologias como *Garganta* (2017), *É agora como nunca* (2017) e *Plástico bolha* (2014).

Eduardo Sterzi (Porto Alegre/RS, 1973) é escritor, crítico e professor de Teoria Literária na Universidade Estadual de Campinas (Unicamp). Publicou, entre outros, *Prosa* (2001), *Aleijão* (2009) e *Maus poemas* (2016).

Elisa Lucinda (Vitória/ES, 1958) é poeta, jornalista, cantora e atriz. Apresenta-se em espetáculos e recitais por todo o Brasil e atua em telenovelas e cinema. Publicou *A lua que menstrua* (1992), *O semelhante* (1995), *50 poemas escolhidos pelo autor* (2004), *A poesia do encontro: Elisa Lucinda e Rubem Alves* (2008), *Parem de falar mal da rotina* (2010), *Fernando Pessoa, o cavaleiro de nada* (2014), *Vozes guardadas* (2016), entre outros.

Fabrício Corsaletti (Santo Anastácio/SP, 1978) é escritor e poeta, autor de mais de dez livros, entre eles *Estudos para o seu corpo* (2007), *King Kong e cervejas* (2008), *Golpe de ar* (2009), *Esquimó* (2010, prêmio Bravo!) e *Ela me dá capim e eu zurro* (2014).

Felipe da Fonseca (Queimados/RJ, 1985) é poeta, autor de *Ícaro ocaso* (2009), *Ecce humu* (2011) e *Fósforo frio* (2017). Atua também como preparador de originais e revisor para o mercado editorial.

Fernando Impagliazzo (Rio de Janeiro/RJ, 1990) é poeta, pesquisador e professor. É autor de *Prova das nove* (2014) e mestre em Literatura Brasileira pela Universidade Federal do Rio de Janeiro (UFRJ).

Flávia Muniz Cirilo (Rio de Janeiro/RJ, 1976) é cantora, compositora e escritora. Estudou música na Unirio e, como vocalista da banda Luisa Mandou um Beijo, gravou três CDs e recebeu o prêmio Catavento em 2010. Em carreira solo, lançou *Descalços sobre a Terra* (2012) e *O que a Terra quer ver* (2016). Publicou os livros *Vilarejo-pergaminho do fogo* (2010) e *Bárbara e a baleia* (2010), *Quero ver verdejar* (2011), *Joana e Altamira* (2012) e *Verde maduro* (2012).

Gabriel Mação (Rio de Janeiro/RJ, 1995) é poeta e graduando em Museologia na Unirio. Estreou na literatura em 2004 e se dedica a escrever sobre os desafios da homossexualidade. Publicou na antologia *Seis poemas à procura de um poema* (2017), entre outras seleções de poesia.

Guilherme Ramos (Maceió/AL, 1972) é escritor e poeta, autor dos livros *Mateu errante, Mateu brincante* (2015), *Minha fúria e outros demônios* (2016) e *Estrela raivosa* (2017), todos eles vencedores dos editais da Imprensa Oficial Graciliano Ramos, em Alagoas.

Guilherme Zarvos (São Paulo/SP, 1957) é poeta radicado no Rio de Janeiro. Em 1990, fundou, ao lado de Chacal, o evento de poesia CEP 20.000. Publicou vários livros de poesia, prosa e ensaios, entre eles

Ensaio do povo novo (1997), *Morrer* (1997), *Branco sobre branco* (2009), *O olho de lince* (2015) e *Guilherme Zarvos 60/70* (2017).

Henrique Ludgério (Quissamã/RJ, 1989). Formado em Cinema, é escritor e autor dos romances *Caos de uma vida sem sonhos* (2011) e *Mitologia dos restos* (2014).

Heyk Pimenta (Manhaçu/MG, 1987) é poeta e professor. Autor de livros como *Sopro sopro* (2010), *Poemas* (2014), *A serpentina nunca se desenrola até o fim* (2015) e *Almanaque rebolado* (2016).

Isadora Bellavinha (Belo Horizonte/MG, 1990) é pesquisadora nas áreas de Literatura e Artes. Escreveu e dirigiu o espetáculo *Antes que você parta pro teu baile* (2013), inspirado na obra de Ana Cristina Cesar. Atualmente é diretora do projeto *Entre: uma casa que se torna*, instalação performática elaborada no curso de mestrado da Escola de Belas Artes da Universidade Federal Minas Gerias (UFMG) e que parte do estudo dos textos de Maria Gabriela Llansol.

Italomori, pseudônimo de Ítalo Moriconi Jr. (Rio de Janeiro/RJ, 1954), é escritor, crítico literário, curador, antologista e professor da Universidade do Estado do Rio de Janeiro (Uerj). Publicou *Ana Cristina Cesar: o sangue de uma poeta* (1996) e organizou e anotou *Cartas de Caio Fernando Abreu* (2002). Foi diretor, por oito anos, da EdUERJ, editora na qual criou a coleção *Ciranda da poesia.*

João Gomes (Recife/PE, 1996) é escritor, poeta e editor da revista digital *Vida secreta.*

João G. Junior (Queimados/RJ, 1993). É historiador, poeta e edita a revista eletrônica *Avenida Sul.* Teve poemas publicados em sites e blogs, no Brasil e em Portugal, na coletânea de novos poetas *Flupp Pensa 2013: poesias* (2013) e na revista *O Garibaldi #5* (2015). Publicou o livreto *Primeiras viagens* (2014) e a plaquete *Fui a Lisboa esquecer um amor* (2016).

João Maria Cícero, pseudônimo de João Nemi Neto (São Paulo/SP, 1975), é poeta e atua como professor de Português na Universidade de Columbia, Nova York, onde mora. É autor de *Corpo(s)* (2016).

João Pedro Innecco (Rio de Janeiro/RJ, 1993) é poeta, autor dos livros *O sopro do vento* (2010), *Concreto* (2015), livro participante do Annual Poetry Showcase na Casa do Poeta, em Nova York, e *Fumaça* (2017). Teve poemas publicados na revista de literatura marginal *Poesia sem medo* (2017) e na *Antologia de poesia brasileira contemporânea além da terra, além do céu* (2017). Editou o livro *Antologia trans* (2017).

Júlia Studart (Fortaleza/CE, 1979) é poeta e professora de Literatura da Escola de Letras da Universidade Federal do Estado do Rio de Janeiro (Unirio). Publicou, entre outros livros, *O dançarino subtil* (2016), *Logomaquia* (2015), *Nuno Ramos* (2014) e *Arquivo debilitado* (2012).

Juliana Krapp (Rio de Janeiro/RJ, 1980) é jornalista e doutoranda em Literatura Brasileira pela Universidade do Estado do Rio de Janeiro (Uerj). Publicou poemas e textos literários esparsos em revistas e coletâneas.

Kako Arancibia (Belo Horizonte/MG, 1985) é ator e performer. Junto ao Coletivo Friccional, realiza trabalhos focados nas opressões de gênero e sexualidade. Em suas ações solo, realiza experimentações unindo os campos da arte, da terapia e da política, em atividades que tratam do universo do HIV e da Aids.

Kesley Rocha Dias (Goiânia/GO, 1992) é poeta, empreendedor cultural, criador e diretor da revista de cultura periférica *Marginal mente*. No campo da dramaturgia, tem duas peças teatrais escritas, *Perdidos de armas nas mãos* (2014) e *Ôco* (2016). Participou de diversos festivais de poesia e trabalha atualmente em seu livro de estreia.

Leonardo Chioda (Jaboticabal/SP, 1986) é estudioso do tarô, tema ao qual dedica ensaios, cursos e palestras, explorando as relações entre simbologia, literatura, cinema e cultura popular brasileira. Publicou *Tempestardes* (2013) e *Potnia* (2017) e tem poemas publicados e traduzidos em diversas revistas e antologias.

Leonardo Gandolfi (Rio de Janeiro/RJ, 1981) é professor de Literatura Portuguesa na Universidade de São Paulo (USP) e autor dos livros de poemas *No entanto d'água* (2006), *A morte de Tony Bennett* (2010) e *Escala Richter* (2015).

Leonardo Marona (Porto Alegre/RS, 1982) é escritor e poeta, autor dos livros *Pequenas biografias não autorizadas* (2009), *l'amore no* (2011), *Conversa com leões* (2012), *Óleo das horas dormidas* (2014), *Cossacos gentis* (2015) e *Herói de atari* (2017).

Letícia Brito (Porto Alegre/RS, 1979) é poeta e se dedica à poesia falada. Como produtora da cena carioca de slam e sarau, realizou os eventos Mulherau, Pizzarau, Batalha da Pizza, Tagarela e atualmente realiza o Slam das Minas RJ.

Letícia Novaes (Rio de Janeiro/RJ, 1982) é compositora, cantora, atriz e escritora. Como cantora, lançou três discos com sua banda Letuce e acaba de lançar seu primeiro disco solo, *Letrux em noite de climão* (2018). Foi colunista do Segundo Caderno, do jornal *O Globo*, escreveu para zines e sites, e publicou *Zaralha: abri minha pasta* (2015).

Lisley Nogueira (Maceió/AL, 1977) é gestora de políticas culturais e uma das idealizadoras do Ignoto Projeto Literário. Produziu e participou de várias coletâneas digitais (*#dourbanoqueháemnos*, *6universos*, *Carnavalhame*), possui textos publicados em revistas digitais e nas antologias *Sarau Brasil 2*017 e Cartas maiores. Assina o blog www.lisnogueira.prosaeverso.net.

Luana Carvalho (Rio de Janeiro/RJ, 1981) é cantora, compositora e poeta. Lançou seu primeiro disco (duplo) *Sul* | *Branco*, produzido por

Moreno Veloso (2017). É diretora geral da Casa Cais (espaço de fluxo de artistas de língua portuguesa) na Festa literária de Paraty (Flip); e editora do espaço de residência virtual Cais. Como poeta, integrou as antologias *É agora como nunca* (2017) e *Alto-mar* (2017).

Lúcia Bettencourt (Rio de Janeiro/RJ, 1969) é escritora e autora dos livros de contos *A secretária de Borges* e *Linha de sombra* (prêmios Sesc, Josué Guimarães e Osman Lins, 2006), do romance *O amor acontece* (2006) e do ensaio *O banquete: uma degustação de textos e imagens* (2012, prêmio ABL). Seu romance *O regresso, a última viagem de Rimbaud* (2015) foi finalista do prêmio Rio.

Luís Capucho (Cachoeiro de Itapemirim/ES, 1962) é compositor, escritor e cantor, autor dos livros *Cinema Orly* (1999), *Rato* (2007), *Mamãe me adora* (2012), *Diário da piscina* (2017) e dos discos *Lua singela* (2003), *Cinema Íris* (2012), *Antigo* (2012) e *Poema maldito* (2014). Suas músicas já foram gravadas por nomes como Cassia Eller, Pedro Luís e a Parede e por artistas da nova safra da MPB, como Gustavo Galo, Bruno Cosentino e Ju Martins.

Luiz Felipe Leprevost (Curitiba/PR, 1979) é escritor, poeta, compositor, dramaturgo, ator e diretor de teatro. Publicou os romances *Dias nublados* (2015) e *E se contorce igual a um dragãozinho ferido* (2011), além de outros livros de contos, poesia e peças de teatro. Com Otavio Linhares, Frede e Thiago Tizzot, idealizou e fundou o selo literário Encrenca – Literatura de Invenção (Arte & Letra). Suas canções integram o repertório do grupo A banda mais bonita da cidade.

Manoel Ricardo de Lima (Parnaíba/PI, 1970) é poeta e professor da Escola de Letras e do Programa de Pós-graduação em Memória Social na Universidade Federal do Estado do Rio de Janeiro (Unirio). Entre seus títulos mais recentes, estão *Um tiro lento atingiu meu coração* (2015), *Maria quer o mundo* (2015) e *Fazer, lugar: a poesia de Ruy Belo* (2016). Organizou *Edifício Rogério: textos críticos de Rogério Sganzerla* [com

Sérgio Medeiros] (2010) e *A nossos pés* (2017). Coordena as coleções Poesia de Ruy Belo, para a editora 7Letras, e Móbile de miniensaios, para a Lumme Editor.

Marcelino Freire (Sertânia/PE, 1967) é escritor radicado em São Paulo. Criador e curador da Balada Literária, evento que reúne, anualmente, desde 2006, uma centena de escritores, nacionais e internacionais, pelo bairro paulistano da Vila Madalena. Publicou, entre outros títulos, *Angu de sangue* (2000) e *Contos negreiros* (2005), com o qual foi vencedor do prêmio Jabuti. Seu romance *Nossos ossos* (2013, prêmio Machado de Assis) foi publicado na Argentina, na França e em Portugal.

Marcelo Reis de Mello (Curitiba/PR, 1984) é poeta e um dos editores do coletivo voltado para a publicação de poesia independente, Cozinha Experimental. Escreveu os livros *Esculpir a luz* (2010) e *Elefantes dentro de um sussurro* (2017) e a plaquete *Violens* (2016). Atualmente orienta as atividades de literatura na Coart/Uerj.

Marcio Junqueira (Feira de Santana/BA, 1981) é poeta e artista visual. É editor da *Antologia/Coleção Rabiscos* e do projeto multimídia *Bliss não tem bis*, em parceria com Clarissa Freitas, Lucas Matos e Thiago Gallego. Seu primeiro livro solo é *Lucas* (2015) e, desde 2012, trabalha como professor de Literaturas em Língua Portuguesa na Universidade do Estado da Bahia (Uneb).

Marcos Fábio de Faria (Pedro Leopoldo/MG, 1986) é dramaturgo do Grupo dos Dez e da Cia. Burlantins, em Belo Horizonte, e professor da Universidade Federal dos Vales do Jequitinhonha e Mucuri (UFVJM). Integra grupos de estudo sobre Gênero, Trabalho e Tecnologia (GENTTE, Cefet-MG), sobre a insurgência de discurso de ódio sobre o HIV/Aids, e sobre Produtos Editoriais Luso-Afro-Brasileiros (PELAB, Cefet-MG), com projeto sobre a dramaturgia negra em Minas Gerais.

Marcos Visnadi (Jundiaí/SP, 1984) é poeta, formado em Letras pela Universidade de São Paulo (USP) e foi editor da revista *Geni*. Tem poemas publicados na revista eletrônica *Escamandro*.

Maria Caú (Araruama/RJ, 1983) é formada em Cinema pela Universidade Federal Fluminense (UFF) e doutora em Literatura Comparada pela Universidade Federal do Rio de Janeiro (UFRJ). É autora do livro *Olhar o mar: Woody Allen e Philip Roth: a exigência da morte* (2015), faz parte do coletivo de mulheres críticas de cinema Elviras e é uma das apresentadoras do vlog *A lente escarlate*. Como poeta e contista, publicou em coletâneas e revistas eletrônicas como *Garupa* e *Moviola*.

Maria Isabel Iorio (Rio de Janeiro/RJ, 1992) é poeta e artista visual. É autora do livro *Em que pensaria quando estivesse fugindo* (2016) e reúne seu trabalho no site https://mariaisabeliorio.myportfolio.com.

Maria Rezende (Rio de Janeiro/RJ, 1978) é poeta, performer e montadora de filmes. Publicou três livros de poesia: *Substantivo feminino* (2003), *Bendita palavra* (2008) e *Carne do umbigo* (2015). Tem poemas publicados nas revista *Playboy* e *Poesia Sempre,* da Biblioteca Nacional, e na antologia *Imagining Ourselves*, do Museu Internacional da Mulher de São Francisco, entre outras. Como montadora, assina dez longas-metragens e diversas séries de televisão. Celebra casamentos em cerimônias costuradas por poesia.

Mariano Marovatto (Rio de Janeiro/RJ, 1982) é poeta, arquivista, compositor e músico. Como compositor, lançou *Praia* (2013) e *Selvagem* (2016). Como pesquisador e arquivista, foi responsável pela organização do acervo do escritor e compositor Cacaso e pela pesquisa de inéditos e estabelecimento de texto para *Poética de Ana Cristina Cesar* (2013). Entre outros livros de poesia, publicou *Casa* (2015) e *Vinte e cinco poemas com Chico Alvim* (2015). Mora em Lisboa.

Mariel Reis (Rio de Janeiro/RJ, 1976) é contista, poeta e ensaísta. Foi editor da revista eletrônica *Flaubert*. Publicou os livros *John Fante trabalha no esquimó* (2008), *Vida cachorra* (2011), *Bordel de bolso* (2014), entre outros.

Marília Garcia (Rio de Janeiro/RJ, 1979) é poeta, editora e tradutora, autora de livros como *20 poemas para o seu walkman (2007), Paris não tem centro* (2016) e *Câmera lenta* (2017). É editora da Luna Parque.

Mauricio Duarte (São Paulo/SP, 1981) é jornalista, autor dos livros de poemas *A arquitetura das constelações* (2017), *Balde de água suja* (2015) e *Rumor nenhum* (2007). Colabora para as principais publicações literárias do país, como as revistas *Cult*, *Lado7*, *Inimigo Rumor*, *mallarmagens* e *Revista Gueto*.

Micheliny Verunschk (Recife/PE, 1972) é poeta, romancista e historiadora brasileira. Em 2004, foi indicada ao prêmio Portugal Telecom de Literatura, com o livro de poesia *Geografia íntima do deserto* (2003). Com o romance *Nossa Teresa: vida e morte de uma santa suicida* (2014), venceu o prêmio São Paulo de Literatura de 2015 na categoria melhor de romance escrito por autor estreante no gênero acima de 40 anos. Seus trabalhos foram publicados na Europa e nos Estados Unidos.

Nelson Ascher (São Paulo/SP, 1958) é poeta, ensaísta, jornalista e tradutor. Iniciou sua obra poética com *Ponta da língua* (1988), seguiu com *Sonho da razão* (1993), *Algo de sol* (1996), e teve sua poesia reunida em *Parte alguma* (2005). Entre outros livros, organizou, com Régis Bonvicino e Michael Palmer, a antologia *Nothing the Sun Could Not Explain: 20 Contemporary Brazilian Poets* (1997). Foi fundador da *Revista da USP* e seu editor até 1994. Como jornalista, colabora com a *Folha de S. Paulo* desde o final dos anos 1970.

Omar Salomão (Rio de Janeiro/RJ, 1983). Poeta, artista plástico e designer. Doutorando em Literatura, cultura e contemporaneidade pela PUC-Rio é autor dos livros *Pequenos reparos* (2017), *Impreciso* (2011) e *À deriva* (2005).

Paulo Sabino (Rio de Janeiro/RJ, 1976) é poeta, editor do site literário *Prosa em poema*. Coordena o projeto Ocupação Poética, no Teatro Candido Mendes de Ipanema. Organiza e promove o Sarau do Largo das Neves, em Santa Teresa, no Rio de Janeiro.

Paulo Scott (Porto Alegre/RS, 1966) é poeta e autor de cinco livros de poesia – o mais recente, intitulado *Mesmo sem dinheiro comprei um esqueite novo* (2014), vencedor do prêmio da Associação Paulista dos Críticos de Arte (APCA) em 2014 – e cinco de prosa – dentre eles o livro de contos *Ainda orangotangos* (2003), adaptado para o cinema por Gustavo Spolidoro (longa-metragem vencedor do 13º Festival de Cinema de Milão); e os romances *Habitante irreal* (2011), vencedor do prêmio Machado de Assis 2012, da Fundação Biblioteca Nacional, lançado também na Alemanha, Portugal, Inglaterra e Estados Unidos, e *O ano em que vivo de literatura* (2015), livro vencedor do prêmio Açorianos de Literatura 2016.

Pedro Dziedzinski Rocha (Barra do Ribeiro/RS, 1996) é poeta e prepara seu primeiro livro de poemas, *Frêmito-genitália*.

Pedro Rocha (Rio de Janeiro/RJ, 1976) é poeta, editor e professor na Escola de Artes Visuais do Parque Lage (EAV). Publicou os livros *Escrita de galo* (2002); *Onze* (2002); *Chão inquieto* (2010); *Experiência calor* (2014); *Ogivas de urgência* (2015). Integra o coletivo Trëma e foi um dos fundadores do CEP 20.000. É idealizador do grupo performático FalaPalavra.

Priscila Andrade Cattoni (Salvador/BA, 1972) é poeta e editora. Idealizou e edita o blog Dedo de Moça, foi redatora da revista *Mad* e publicou poemas em sites e revistas literárias. Em 2005, criou e coordenou o Festival Segundas Poéticas, e também coordenou, produziu e mediou mesas das edições cariocas da Festa literária alternativa à Paraty (Flap!).

Rafael Iotti (Porto Alegre/RS, 1992) é poeta e autor do livro *Mas é possível que haja outros* (2017).

Rafael Zacca (Rio de Janeiro/RJ, 1987) é poeta, autor dos livros *Kraft* (2015) e *Mini Marx* (2017). É coarticulador do coletivo literário Oficina Experimental de Poesia e publicou o livro de oficinas *Almanaque rebolado* (2016), escrito a vinte mãos. Colabora, como crítico, com o *Jornal Rascunho* e com a revista *Escamandro*.

Regina Azevedo (Natal/RN, 2000) é poeta e escritora. Colabora com os sites *O Chaplin* e *Apartamento 702*, e é criadora do sarau 'Iapois, Poesia!'. Autora dos livros *Das vezes que morri em você* (2013), *Por isso eu amo em azul intenso* (2015) e *Pirueta* (2017).

Renato Rezende (São Paulo/SP, 1964) é poeta, artista visual, tradutor, curador e editor. Entre outros livros, publicou *Ímpar* (2005, Prêmio Alphonsus de Guimaraens da Fundação Biblioteca Nacional), *No contemporâneo: arte e escritura expandidas* (com Roberto Corrêa dos Santos, 2011), *Poesia e videoarte* (com Katia Maciel, 2012), *Poesia brasileira contemporânea: crítica e política* (2014) e *Flávio de Carvalho* (com Ana Maria Maia, 2015). Realizou intervenções urbanas como *MY HEART IN RIO* (Oi Futuro, 2011) e *S.O.S Poesia* (Museu de Arte do Rio, 2015). É editor-chefe da *Circuito*.

Ricardo Dalai (Paraná/PR, 1984) é bacharel, mestre e doutor em Letras - Estudos Literários pela Universidade Estadual de Londrina, e atua como professor assistente na área de Teoria Literária na Universidade Estadual de Maringá, no Paraná. Publicou contos e poemas, adultos e infantis, em coletâneas e livros didáticos. Mantém o blog Reticências...

Rita Isadora Pessoa (Rio de Janeiro/RJ, 1984) é escritora, tradutora, revisora, astróloga e taróloga. Tem poemas publicados em revistas como *Mallarmargens*, *Garupa*, *Escamandro*, *Germina* e nas antologias *A nossos pés* (2017), e *Alto-mar* (2017). Seu primeiro livro de poesia é *A vida nos vulcões* (2016).

Rodrigo de Souza Leão (Rio de Janeiro/RJ, 1965-2009). Foi escritor, poeta e artista plástico. Publicou o romance *Todos os cachorros são azuis* (2009), adaptado para o teatro com direção de Michel Bercovicth, e a reunião de poemas *Caga-regras* (2014). Foi coeditor da revista eletrônica *Zunái* e autor de uma série de *e-books* de blogs. Faleceu aos 43 anos, em uma clínica psiquiátrica. Após sua morte, foram lançados os romances *Me roubaram uns dias contados* (2010), *O esquizoide* (2011) e *Carbono pautado: coração na boca* (2012). Em 2011, o Museu de Arte Moderna do Rio de Janeiro (MAM Rio) realizou a exposição *Tudo vai ficar da cor que você quiser*. Em 2014, tornou-se tema de longa-metragem documental homônimo à exposição.

Silviano Santiago (Formiga/MG, 1936) é escritor e crítico literário e cultural. Entre suas obras em prosa literária, destacam-se *Em liberdade* (1981), *Stella Manhattan* (1985), *Keith Jarrett no Blue Note* (1996) e os recentes *Mil rosas roubadas* (2015) e *Machado* (2017). Entre os prêmios nacionais e internacionais, recebeu, pelo conjunto de obra, o prêmio Machado de Assis, outorgado pela Academia Brasileira de Letras (ABL). Encontra-se traduzido em espanhol, francês, inglês e italiano. Sua mais recente publicação é o ensaio *Genealogia da ferocidade* (2017).

Silvino, pseudônimo de Vinícius Silvino (Santos/SP, 1991), é ator, cantor e estudante de música. Começou a atuar aos 19 anos após concluir uma formação técnica em Artes Dramáticas. No seu primeiro EP de músicas autorais, *Húmus* (2017), aborda o tema do HIV.

Sylvio Fraga (Rio de Janeiro/RJ, 1986) é poeta e compositor. Economista de formação, dirigiu o Museu Antônio Parreiras, em Niterói, entre 2008 e 2009. Mestre em Poesia pela New York University, é autor dos livros de poemas *Entre árvores* (2011) e *Cardume* (2015), e dos discos *Rosto* (2013) e *Cigarra no trovão* (2015), além do livro de tradução de poesia *O andar ao lado: três novos poetas norte-americanos* (2013).

Tainá Rei (Rio de Janeiro/RJ, 1992) é escritora e cineasta, participa com poemas e contos em antologias, concursos literários e publicações independentes desde 2013. Participou da produção de uma dezena de curtas-metragens e dirigiu diversos trabalhos audiovisuais, principalmente no campo da videoarte.

Tatiana Nascimento (Brasília/DF, 1981) é poeta, compositora, cantora, slammer, tradutora, contista e blogueira. É formada em Letras – Português na Universidade de Brasília (UNB), onde dá aula de feminismos e teoria *queer* como professora voluntária. É doutora em estudos da tradução pela Universidade Federal de Santa Catarina (UFSC). Publica autoras negras e/ou LGBTQI em livros artesanais pela Padê editorial.

Thiago Ponce de Moraes (Rio de Janeiro/RJ, 1986) é poeta e tradutor. Publicou, entre outros, o livro de poemas *Dobres sobre a luz* (2016) e a plaquete bilíngue *GloryBox* (2016), traduzida para o inglês por Rob Packer. Desenvolveu tese de doutorado sobre a obra de Paul Celan (2016). Nos últimos anos, tem participado de diversos encontros internacionais de poetas, como o 31º Festival Internacional de Poesia de Tróis-Rivières (Canadá) e o 55º Struga Poetry Evenings (Macedônia).

Victor Heringer (Rio de Janeiro/RJ, 1988-2018). Foi escritor, poeta e ensaísta. Publicou *Automatógrafo* (2011), *Glória* (prêmio Jabuti, 2013), *O escritor Victor Heringer* (2015), *O amor dos homens avulsos* (2016), entre outros. Manteve uma coluna na revista *Pessoa*.

Vinicius Varela (Rio de Janeiro/RJ, 1993) é escritor, poeta e tradutor. Autor dos livros *São poucos os homens que ainda acreditam em baleias* (2017), *Clube da leitura vol. III* (2015) e *Ler UERJ* (2016). Traduziu para o português grande parte da obra poética de Roberto Bolaño, ainda inédita.

Viviane Mosé (Vitória/ES, 1964) é poeta, psicóloga e doutora em Filosofia. Autora dos livros de poemas *Escritos* (1990), *Toda palavra* (1997), *Pensamento chão* (2001), *Desato* (2006), *Frio* (2017), *Calor* (2017). Publicou, ainda, *Stela do Patrocínio* (2002), *Nietzsche e a grande política da linguagem* (2005), *O homem que sabe* (2010) e *A escola e os desafios contemporâneos* (2013).

Yasmin Nigri (Rio de Janeiro/RJ, 1990) é artista visual, poeta, crítica de arte e editora da revista *Caliban*. Mestre em Filosofia, é cofundadora do coletivo de artes e poesia Disk Musa. É youtuber no canal Alokadostutoriais, onde publica seus estudos de videopoesia. Tem poemas publicados em diversas revistas e jornais no Brasil e em Portugal.

SOBRE O ORGANIZADOR

Ramon Nunes Mello (Araruama/RJ, 1984) é poeta, escritor, jornalista e ativista dos Direitos Humanos. Formado em Jornalismo e em Artes Dramáticas, é mestre em Literatura (Poesia Brasileira) pela Universidade Federal do Rio de Janeiro (UFRJ). É autor dos livros de poemas *Vinis mofados* (2009); *Poemas tirados de notícias de jornal* (2011) e *Há um mar no fundo de cada sonho* (2016). Organizou, entre outras obras, *Escolhas* (2009), uma autobiografia intelectual de Heloisa Buarque de Hollanda, com quem coorganizou *Enter, antologia digital* (2009). E em parceria com Marcio Debellian, organizou *Maria Bethânia guerreira guerrilha* (2011), de Reynaldo Jardim. Integrou diversas antologias poéticas, entre elas, *Amar, verbo atemporal: 100 poemas de amor* (2012) e *É agora como nunca* (2017). É curador da obra dos poetas Rodrigo de Souza Leão (1965-2009) e Adalgisa Nery (1905-1980).

ÍNDICE DE TÍTULOS E PRIMEIROS VERSOS

Este livro foi editado pela Bazar do Tempo, na cidade de São Sebastião do Rio de Janeiro, no outono de 2018. Foi composto com as tipografias Delicate e Minion Pro, e impresso em papel Pólen Bold 90 g/m2, na gráfica Stamppa.